잃어버린 문명과 오파츠 미스터리 사진집

약 1만 년 전, 현대 문명을 훨씬 능가하는 초고대 문명이 존재했다고 한다. 그 증거로 보이는 유적과 오파츠(Ooparts)가 세계 곳곳에서 발견되고 있다!

비미니 제도(Bimini Islands) 앞바다의 해저 유적 비미니 로드는 아틀란티스 문명의 유적이라는 설도 있다.

이스터 섬의 모아이는 무(Mu) 대륙의 생존자가 만들었다?

환상의 대륙은 실제로 존재했다!
바다 밑으로 가라앉았다는 아틀란티스나 환상의 무(Mu) 대륙은 존재했을까? 초문명의 흔적은 외딴섬이나 바닷속에 숨겨져 있었다!

거석에는 미지의 힘이 깃들어 있을까?

영국의 스톤헨지가 한밤중에 빛을 발하는 순간을 포착했다는 수수께끼의 사진

2003/ 1/25 23:10

고대인은 거석을 자유자재로 다루었다!

어마어마한 거석을 잘라 내서 운반하는 작업을 옛날 사람들은 어떻게 해냈을까?

레바논 바알베크(Baalbek) 유적 근처에서 발견된 잘라 내던 도중의 거석. 이 돌의 추정 무게 2,000톤!

⇦ 멕시코 라벤타(La Venta) 유적에서는 최대 50톤의 사람 머리 조각상이 발견되었다. 원재료는 수십 km나 떨어진 산에서 운반되었다.

⇨사람 발자국 위에 공룡 발자국이 찍혀서 생긴 화석. 공룡 시대에 이미 인류가 존재했을까?

페루의 이카(Ica)에서 발견된 '이카의 돌(Ica Stones)'에는 인류와 공룡이 공존하는 모습이나 다양한 공룡의 그림이 새겨져 있었다.

공룡은 살아 있다!
약 6,600만 년 전에 멸종한 공룡이 인류와 같은 시대에 살고 있었다? 상식을 깨는 유물이 있다!

⇦ 공룡의 모습을 본뜬 약 4,500년 전의 토우가 멕시코에서 대량으로 발견되었다. 제작자는 공룡의 모습을 알고 있었을까?

13개를 전부 모으면 무슨 일이 벌어진다?

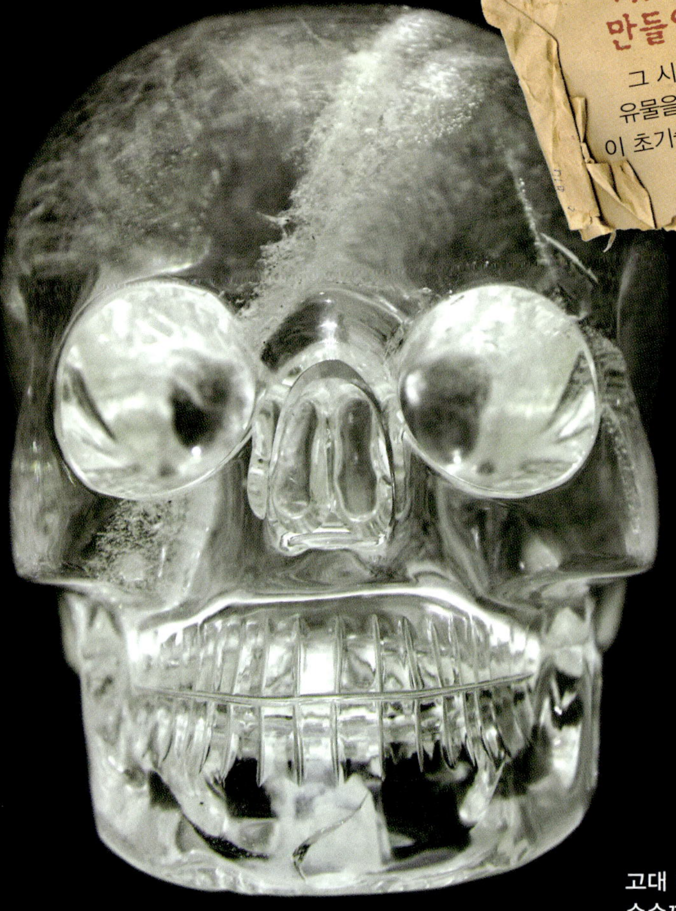

이것이 초고대 문명이 만들어 낸 오파츠다!
그 시대에 존재했을 리가 없는 유물을 가리켜 '오파츠'라고 한다. 이 초기술은 인류 이전의 고도 문명의 존재를 암시한다!

세계에는 다양한 수정 해골이 존재한다. 초자연적인 힘을 지닌 것으로 알려진 이것들은 무슨 목적으로 만들어졌을까?

고대 이집트 신전에서 볼 수 있는 수수께끼의 돌을새김. 사람들이 떠받치고 있는 것은 바로 '전구'이다!

⇦ 코스타리카에서 발견된 거대 공깃돌. 완전한 구체를 만들기 위해서는 고도의 기술이 필요하다!

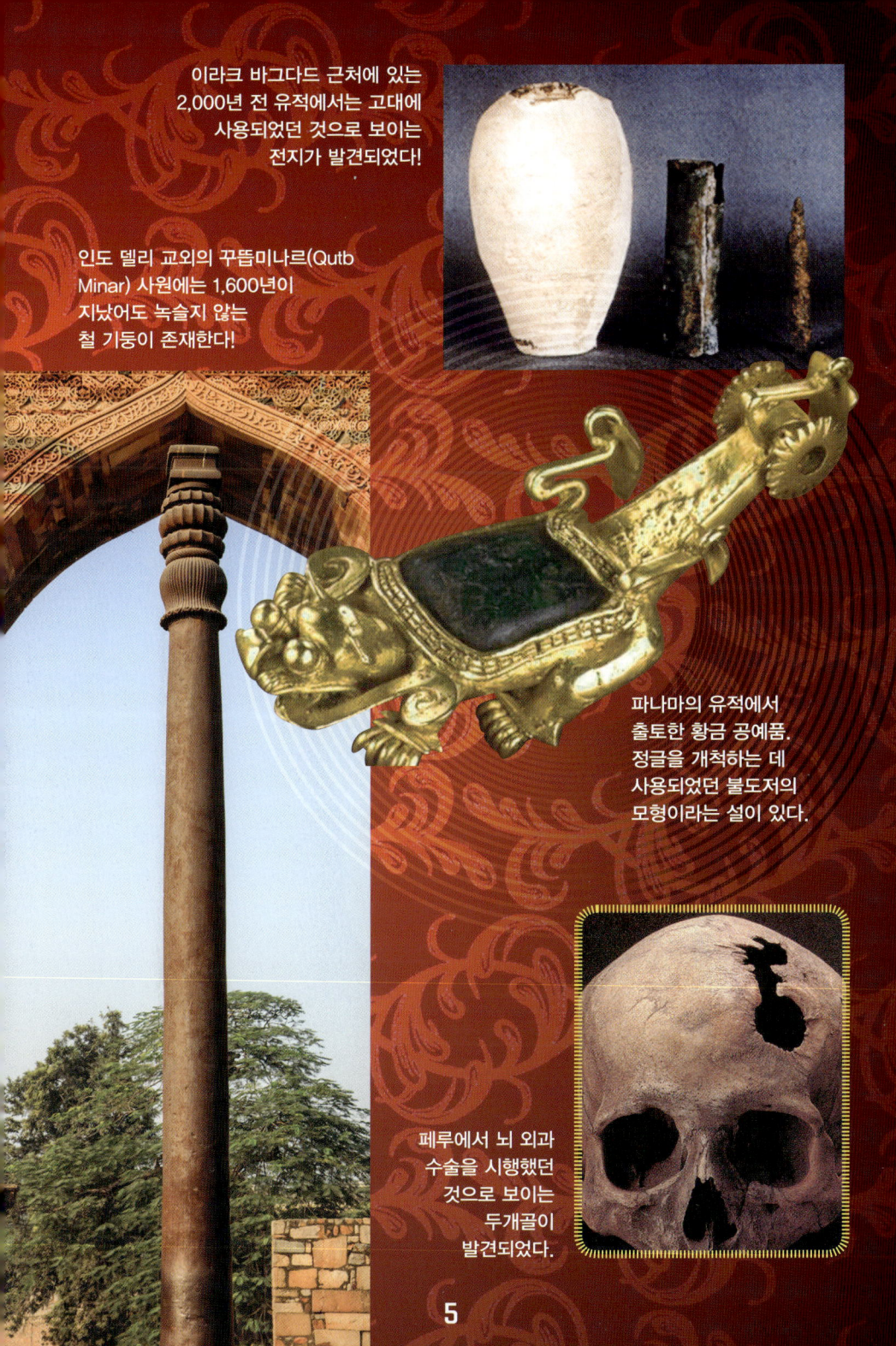

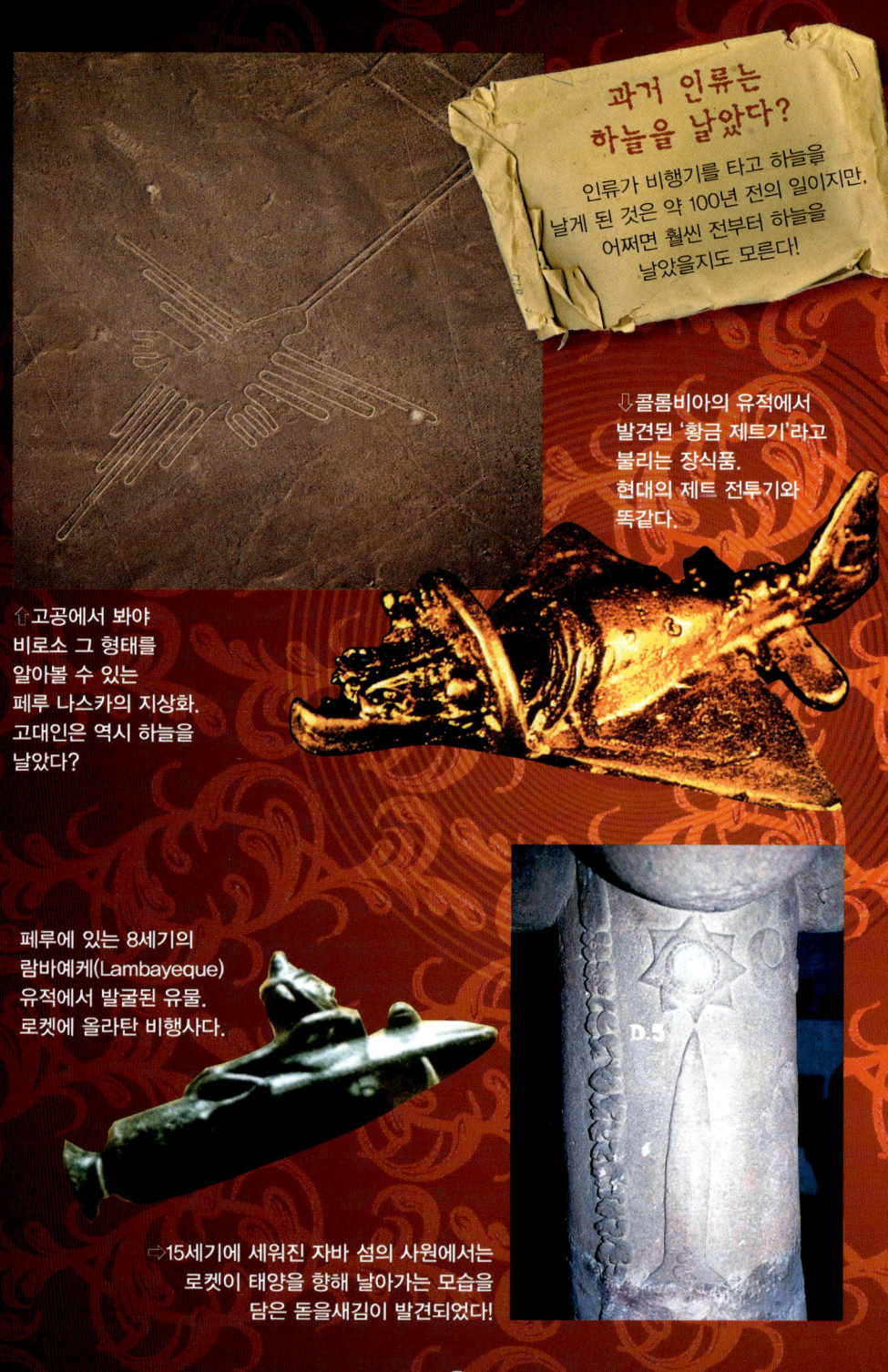

⇦ 그리스 앞바다의 침몰선에서 발견된 기원전 1~2세기에 만들어진 천문 기계. 천체의 운행을 정확하게 예측한다.

세계에서 가장 오래된 컴퓨터!

⇩ 독일 유적에서 출토된 청동제 원반. 약 3,600년 전에 만들어진 것으로 추정되는 아름다운 이 유물은 인류 역사상 가장 오래된 천문판이다.

고도의 천체 관측기가 존재했다!

고대인은 우리가 상상하는 이상으로 천문 지식에 뛰어났다. 그 증거로 고대 컴퓨터나 천문대가 발견되고 있다!

⇨ 멕시코 치첸 이차의 '쿠쿨칸 신전'은 피라미드 그 자체가 천문 관측기이다!

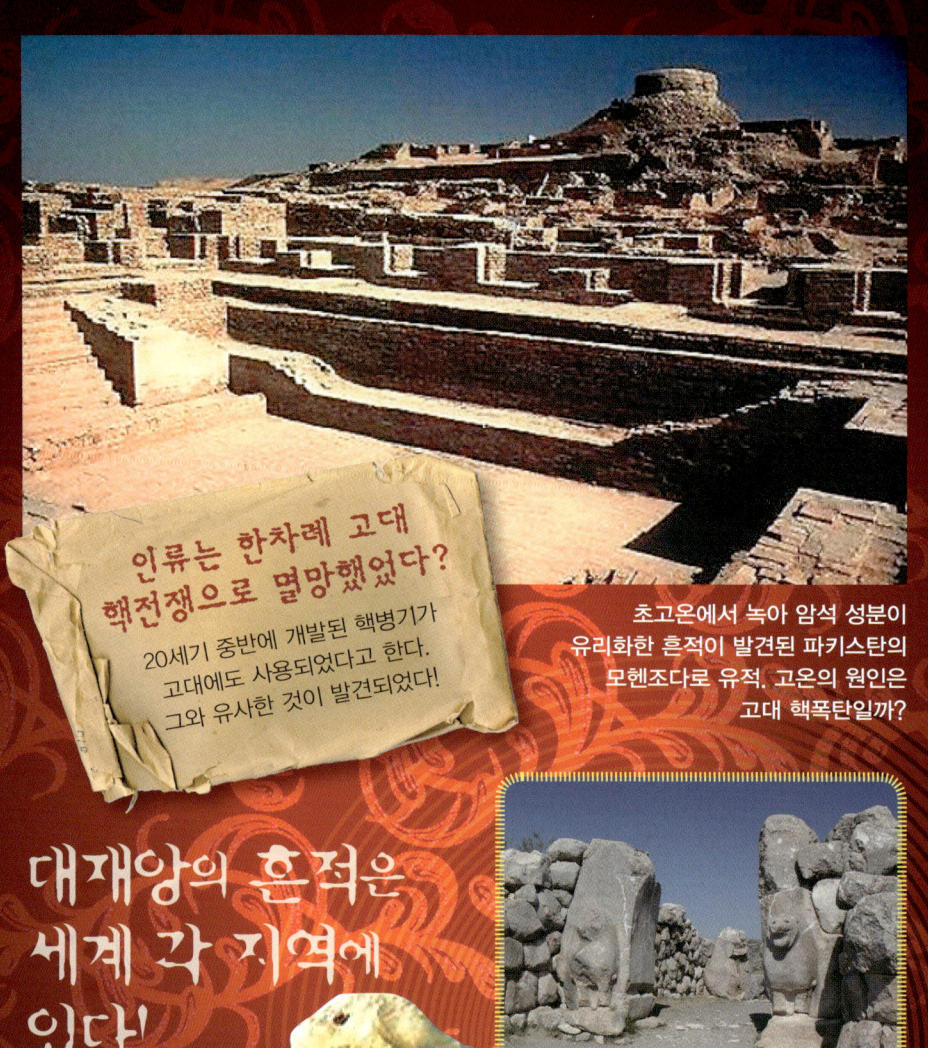

인류는 한차례 고대 핵전쟁으로 멸망했었다?

20세기 중반에 개발된 핵병기가 고대에도 사용되었다고 한다. 그와 유사한 것이 발견되었다!

초고온에서 녹아 암석 성분이 유리화한 흔적이 발견된 파키스탄의 모헨조다로 유적. 고온의 원인은 고대 핵폭탄일까?

대재앙의 흔적은 세계 각 지역에 있다!

↑약 4,000년 전에 세워진 터키 하투샤(Hattusha) 유적에도 이상 고온에 의한 화재로 멸망한 흔적이 있다고 한다.

사하라 사막에서 발견된 유리 조각. 똑같은 것이 미국 원폭 실험장에서도 발견되었다.

학연교육출판 편저

비주얼 미스터리 백과 ①

잃어버린 문명 대백과

목차
CONTENTS

잃어버린 문명과 오파츠 미스터리 사진집…1
주요 유적&유물 발견 지도…12
키워드 도감…14

프롤로그 '잃어버린 문명'이 실제로 존재했다?…16
①문명이란 무엇인가?…16
②'잃어버린 문명'이란 무엇인가?…18
③고도 문명의 존재를 암시하는 것…20
④초고대 문명은 왜 멸망했나?…22
⑤조고대 문명의 주역들…24

이 책의 구성…26

제1장 아틀란티스의 수수께끼…27
1 수수께끼의 아틀란티스 문명…28
2 전설이 된 초문명…30
3 아틀란티스는 왜 멸망했을까?…32
4 아틀란티스는 어디에 있었나?…34
5 화산 폭발로 붕괴한 섬…36
6 수수께끼의 해저 유적 비미니 로드…38
7 아틀란티스 발견인가?…40
　칼럼 ❶ 잃어버린 대륙이란 무엇인가?…42

제2장 초고대 문명의 괴물들…47
스핑크스 / 케찰코아틀 / 삼성퇴의 괴물 / 애리조나의 공룡 벽화 / 세계의 거인 전설 / 러시아의 장두인 / 올메카의 거석 인두상 / 남아프리카의 거인 발자국 외
　칼럼 ❷ 인류와 공룡은 공존했을까?…72

제3장 초문명 오파츠(기술편)…77
안티키테라의 기계 / 수정 해골 / 남아프리카의 금속 공 / 탄흔이 남아 있는 머리뼈 / 바그다드의 전지 / 일렉트론 수사슴 조각상 / 인도의 녹슬지 않는 철 기둥 외
　칼럼 ❸ 인류는 한차례 핵전쟁으로 멸망했다?…108

제4장　초문명 오파츠(지식편)…113

나스카의 지상화 / 이집트의 전구 돋을새김 / 올메카의 조종사 / 고대 이집트의 글라이더 / 고대 페루의 로켓 / 자바 섬의 로켓 돋을새김 / 황금 제트기 외

칼럼 ❹ 대홍수는 정말로 있었을까?…138

제5장　대피라미드의 7가지 수수께끼…143

1 대피라미드는?…144
2 어떻게 만들었을까?…146
3 내부에 미지의 터널이 있다?…148
4 그 밖에도 다른 비밀 공간이 있다?…150
5 건축 연대의 비밀…152
6 신비한 피라미드 파워…154
7 바다를 건너간 피라미드…156

칼럼 ❺ 경이로운 세계 7대 불가사의…158

제6장　경이로운 초고대 유적…165

이스터 섬 / 아부심벨 신전 / 에이브버리 / 스톤헨지 / 카르나크 열석 / 뉴그레인지 / 테오티우아칸 / 크노소스 궁전 / 차탈회위크 외

칼럼 ❻ 지구 공동설이란?…196

제7장　우주의 초고대 유적…201

화성 인면암 / 화성 피라미드군 / 화성의 모노리스 / 달 표면의 캐슬 / 달 표면의 샤드 / 포보스의 모노리스 / 에로스의 직육면체 / 금성의 피라미드 / 달 표면의 거대 우주선

끝으로…214

주요 유적&유물 발견 지도

★ **미국**
◎ 공룡 시대의 망치
◎ 인면 조각석
◎ 애리조나의 공룡 벽화
◆ 메사 베르데
◆ 서펜트 마운드 외

★ **일본**
◎ 차광기 토우
◎ 치부산 고분의 우주인
◎ 후곳페 동굴의 날개 달린 사람
◆ 이즈모타이샤
◆ 요나구니 섬 해저 유적 외

★ **멕시코**
◎ 툴라의 전사 조각상
◎ 팔렌케의 우주 비행사
◎ 올메카의 거석 인두상
◆ 치첸 이차 외

★ **과테말라**
◎ 불을 뿜는 괴물
◆ 티칼

★ **코스타리카**
◎ 코스타리카의 거대 공깃돌

★ **미크로네시아**
◆ 난마돌

★ **인도네시아**
◎ 자바 섬의 로켓 돋을새김

★ **파나마**
◎ 황금 불도저

★ **콜롬비아**
◎ 황금 제트기

★ **칠레령**
◆ 이스터 섬

★ **페루**
◎ 아캄바로의 공룡 토우
◎ 쿠스코의 돌담
◎ 페루의 뇌 외과 수술
◆ 찬킬로
◆ 나스카의 지상화
◆ 마추픽추 외

잃어버린 문명
키워드 도감

이 책을 읽기 전에 먼저 알아 두어야 할 기본 용어를 확인하자!

[오파츠]

▶ '시대에 맞지 않는 인공물(Out of Place Artifacts)'을 의미하는 영어의 줄임말. 고대 유적이나 지층에서 발견된, 고도의 기술과 지식에 기초하여 만들어진 유물(유적에서 발견된 인공물)을 말한다.

[잃어버린 문명]

◀ 고도의 지식과 기술을 갖고 있었음에도 불구하고 어떠한 이유로 멸망을 맞이한 고대 문명을 가리킨다. 이 책에서는 상식을 뛰어넘는 고대 문명을 뜻하는 [초고대 문명]과 거의 같은 의미다.

[토우]

▶ 흙으로 만든 사람이나 동물의 상. 일본에는 조몬 시대의 것이 많다. 풍작과 다산을 기원하는 등 종교적인 목적이 있었던 것으로 보인다.

[하지·동지]

◀ 하지는 6월 21일경으로, 일 년 중에서 낮이 가장 길다. 동지는 12월 22일경으로, 일 년 중 낮이 가장 짧고 밤이 가장 길다. 고대에는 계절을 파악하는 데 중요한 날이었다.

【지상화】

▶지면에 그려진 것으로 하늘 위나 높은 장소에서만 알아볼 수 있는 거대한 그림을 말한다. 대개는 돌멩이나 풀을 치워 지면을 울퉁불퉁하게 하는 방법으로 동물이나 기하학 모양을 그렸다.

【스톤 서클】

◀커다란 돌이 둥글게 줄지어 놓인 유적으로, '환상열석(環狀列石)'이라고도 한다. 무덤이나 축제나 기원의 장소로 쓰이기도 했다고 한다.

【피라미드】

▶기자의 대피라미드에서 유래한 말로, 사각뿔 모양의 건축물을 가리킨다. '금자탑(金字塔)'이라는 표현으로 번역되어 쓰이기도 한다. 건축물로서의 피라미드는 지역에 따라 다양한 역할을 했다.

【해저 유적】

◀바다 밑에서 발견된 유적을 말한다. 유적은 인공적으로 만들어진 것의 흔적을 의미하며, 유적인지 자연적 지형인지 알 수 없는 것이 많다.

【구조물】

▶자연적 지형과는 달리, 받침대 등이 지지대로 쓰이며 돌 등의 재료를 사용해 인공적으로 만든 것을 말한다. 건조물 또는 건축물과 비슷한 의미다.

프롤로그

'잃어버린 문명'이 실제로 존재했다?

과거 우리가 사는 지구에는
현대 문명을 훨씬 능가하는
고도의 문명이 존재했다고 한다.
그런 문명이 실제로 존재했다고 믿는 이유가 뭘까?
그 기본을 파악해 두기로 하자!

1 문명이란 무엇인가?

지금 인류는 자신의 손으로 쌓아 올린 현대 문명의 한가운데 있다. 거슬러 올라가면 몇 천 년 전에 다양한 지역에서 시작되어 끊임없이 현재까지 이어져 온 문명의 자취다.

그렇다면 문명이란 무엇인가?

약 1만 년 전 빙하기가 끝나고 따뜻해지기 시작한 지구에서는 곳곳에서 가축 사육과 보리 등의 재배가 이루어졌다. 사냥하면서 살던 사람 중 일부는 정착하여 농사를 짓기도 했다. 그런 사람들이 모여 군락을 이루게 되었고 사람들은 힘을 모아 활동했다.

농사를 짓기 위해서는 대규모의 협동 작업으로 강의 범람을 막고 밭에 일반적으로 '4대 문명'이라고 하는데, 이 밖에도 세계에는 크고 작은 다양한 문명이 시작되고 있었다.

★이집트 문명
대피라미드와 스핑크스

★인더스 문명
모헨조다로

★메소포타미아 문명
유프라테스 강

★황하·장강 문명
삼성퇴
(장강 문명)

인공적으로 물을 대야 한다. 군락은 거대한 강 주변에 형성되어 마침내 커다란 도시로 발전한다. 그런 도시가 공통의 문화나 문자를 지닌 다른 도시와 교류하면서 한층 더 큰 사회가 탄생한다. 이것이 문명이다. 특히 '비옥한 초승달 지대'라고 불리는 중동의 티그리스 강, 유프라테스 강 유역에서는 7,000년 전부터 메소포타미아 문명이 시작되었다. 메소포타미아는 '강에 끼인'이라는 뜻으로, 세계 여러 곳의 큰 강 유역에서도 장엄한 문명이 시작되고 있었다. 나일 강 유역의 이집트와 황허나 장강 유역의 중국, 인더스 강 유역의 인도나 파키스탄이다. 그런데 이 고대 문명이 정말로 인류 최초의 문명이었을까?

해저에 유적이 잠들어 있다?

오키나와 현 요나구니 섬 앞바다의 해저 유적. 인공적인 증거만 발견한다면 이곳도 잃어버린 문명의 유적이라는 얘기가 될 것이다!

 ## '잃어버린 문명'이란 무엇인가?

세계 각 지역에서 문명이 번성하기 전부터 이미 오래된 문명이 존재했으며, 그 문명이 어떠한 원인으로 멸망에 이르게 된 것을 가리켜 '잃어버린 문명(Lost Civilization)'이라고 부른다. 가령 그러한 문명이 존재했다면 황허 유역에서 발생한 문명보다 훨씬 오래된 것으로, 어쩌면 1만 년 전일 가능성도 있다. 물론 역사적 상식에서 생각해 보면 인류가 아직 석기를 사용해 사냥하던 시대이다. 믿을 수 없다고 해도 전혀 이상하지 않다. 그런데 지금까지 우리가 배워 온 역사에 해당하지 않는 '문명'의 자취가 세계 곳곳에서 발견되고 있다.

이를테면 바다 밑을 들 수 있다. 해저의 경우는 육지에서의 작업과 달리 세계 유적에는 건축 목적에 관한 기록이 사라진 것도 있다.

★이스터 섬의 모아이상

★이집트의 대스핑크스

'전설'을 토대로 유적을 발견!

고대 그리스의 트로이는 오랫동안 그리스 신화에 등장하는 상상 속의 도시라고 여겨졌었다. 하지만 실제로 존재했던 도시라고 믿었던 독일의 하인리히 슐리만이 1870년에 발굴하기 시작하여 마침내 유적을 찾아낸다.

수압이나 흐릿한 시계 등의 악조건으로 연구 조사가 매우 어려워서 미지의 유적이 많을 것으로 추측된다.

해저 유적은 오래전 육지였던 도시가 해수면 상승이나 지각 변동으로 바다 밑으로 가라앉은 자취이다. 이러한 문명은 유적이나 전설로서 세계 곳곳에 남아 있다.

그 대표적인 것이 '잃어버린 대륙'으로 유명한 아틀란티스, 무(Mu) 대륙과 같은 '초고대 문명'이다.

그렇다면 그처럼 멸망한 문명이 높은 수준을 지녔을 것이라 생각하는 이유는 뭘까?

고도의 기술을 암시하는 오파츠를 발견!

멕시코의 1,800년 전 유적에서 발견된 유물. 마치 호버크라프트(Hovercraft)나 하늘을 나는 배에 탄 선원 같다.

③ 고도 문명의 존재를 암시하는 것

여기서 말하는 '고도 문명'에는 두 가지 가능성이 있다.

- 당시 기준에서 볼 때 높은 수준의 것
- 현대 문명의 기준에서 볼 때 높은 수준의 것

두 가지 중 어느 하나라도 고대 문명의 유적에서 고도의 기술이나 지식의 흔적이 발견되었다면 그것은 고고학적으로는 '시대에 맞지 않는 것'으로 간주한다. 이처럼 그 자리에 어울리지 않는, 시대를 벗어난 것을 '오파츠'라고 하는데, 'Out of Place Artifacts(시대에 맞지 않는 유물 또는 인공물과 건축물의 흔적)'의 머리글자를 딴 표현이다. 오파츠가 발견되면 그 유적은 과거에 고도의 문명이었을 가능성이 높다. 이를테면,

- 당시의 기술로는 운반이 어려운 거석 건조물

오파츠 중에서도 구체적인 증거가 발견되지 않은 초기술 오파츠.
주로 다음과 같은 종류가 있다.

★ 기계적인 것
안티키테라의 기계

★ 거석 건조물
이집트의 대피라미드

★ 전기적인 것
바그다드의 전지

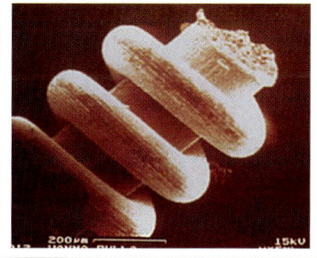

★ 금속 가공물
플라이스토세의 스프링

- 하늘을 나는 기술을 알고 있었을지도 모를 비행기 모양의 공예품
- 고도의 지식에 기초하여 설계된 천문대
- 고대에 일어난 핵전쟁의 흔적 등

모두 그 기술과 지식이 고대 문명의 상식을 뛰어넘는 '오파츠 테크놀로지'다. 그중에는 현대 문명에서도 복원이 어려운 유물도 있을 정도다. 수수께끼로 가득 찬 이들 오파츠의 본래 자리를 찾아낸다면 필연적으로 잃어버린 '초고대 문명'의 진실에 이를 수 있을지도 모른다. 한편 새로운 의문도 생긴다. 그토록 수준 높은 기술을 지녔던 문명이 어째서 멸망했을까 하는 점이다.

화산재가 하룻밤 사이에 도시를 삼켜 버렸다!

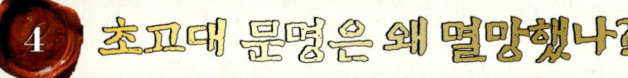

이탈리아의 폼페이 유적(위)
석고로 재현한 화산 폭발의 희생자들(왼쪽)

④ 초고대 문명은 왜 멸망했나?

지난날 이탈리아 남부의 폼페이가 비극적 상황을 맞이한 것은 서기 79년의 일이었다. 근방에 있는 베수비오 화산의 대폭발로 화산 분출물이 발생하여 마을이 하룻밤 사이에 화산재에 파묻히고 말았다. 2,000명이나 되는 사람들이 목숨을 잃었고 폼페이는 두 번 다시 회복하지 못했다. 어떤 문명이든 그 영화가 영원히 이어질 것이라고 당사자들은 생각하겠지만, 현실적으로 폼페이와 같은 재해를 입은 도시는 지금까지도 수없이 많다. '지구는 살아 있다'는 표현이 있다. 지구의 활동이 때로는 인류에게 무서울 정도의 변화를 가져오기 때문에 생긴 말일 것이다. 해저에서 지진이 일어나면 그 규모에 따라서는 상상을 뛰어넘는 대규모의

거대 운석의 낙하

거대 운석이 낙하한 흔적은 지구에 다수 존재한다. 가장 유명한 것으로는 6,600만 년 전에 공룡 멸종을 야기한 멕시코 칙술루브 크레이터(Chicxulub Crater)이다.

노아의 방주 전설

'성서'에 의하면 사람들의 악행을 알게 된 신은 분노하여 그들을 홍수로 멸망시키려고 마음먹는데, 노아라고 불리는 성실한 노인에게는 배를 만들도록 계시를 내려 목숨을 살려 준다는 이야기다. 이 홍수가 5,000년 전에 실제로 일어났다고 생각하는 학자도 있다.

쓰나미가 발생한다. 또한, 1만 년 전에 빙하가 녹아서 해수면의 수위가 높아졌는데, 그 상태에서 태풍이 발생했다면 초대형 해일 등이 발생했을지도 모른다. 이러한 일들이 사실일 가능성에 대해서는 세계 곳곳에 퍼져 있는 '홍수 전설'이 나타내 주고 있다. 그 밖에도 거대 운석이 부딪혀 멸망한 문명이나 고대인이 현대에 필적할 만한 문명을 가지고 있었다면 핵전쟁을 일으켜 자멸했을 가능성도 있다. 실제로 그러한 흔적이 남은 지역이 세계에 존재하기 때문이다. 이상과 같이 문명이 멸망해서 사라지는 원인은 다양하다. 초고대 문명이 이런 여러 가지 이유 중 하나 때문에 사라졌다고 해도 이상할 것이 없다.

사우디아라비아에서 발굴된 거인의 뼈. 가짜라는 설도 있지만, 진짜라면 고대에 거인족이 살았을 가능성이 높다!

 초고대 문명의 주역들

'잃어버린 문명'이나 '초고대 문명'이라고 불리는 것은 도대체 누가 쌓아 올리고 지탱해 왔을까?

사실은 우리 현생 인류와는 '다른 생명체=괴물'이 관련되었다고 생각하게끔 하는 유물이 발견되었다. 다른 생명체로 생각되는 것 중 하나가 우주인이다. 고대인에게 비행 기술에 관한 지식이 없었다면 로켓이나 비행기와 같은 오파츠는 지구로 날아온 우주인의 모습을 나타낸 것일지도 모른다. 사실 고대의 바위그림에는 인류와는 동떨어진 모습의 괴이한 우주인처럼 보이는 생명체가 그려져 있는 경우가 많다. 즉 다른 행성에서 고도의 지식을 가지고 지구를 찾아온 우주인이 어떠한 목적으로 미개한

오파츠 중에는 우주인의 존재를 전제로 한 듯한
'우주인 오파츠'도 있다.

★지상화
페루 나스카의
지상화

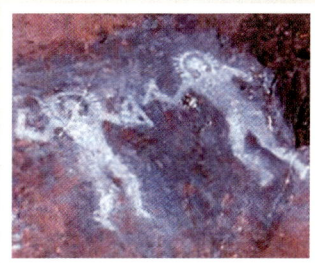

★벽화·바위그림
이탈리아의
우주인 바위그림

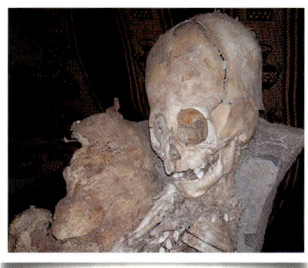

★뼈
페루의
우주인 뼈

★조각·토우
일본의
차광기 토우

인류에 도움이 되는 지식이나 기술을 제공했을 가능성을 생각해 볼
수 있다. 또 하나는 거인족이다. 그들 역시 지구 기원의 생명체인지
어떤지는 알 수 없다.
하지만 그 존재를 나타내는 전설은 세계 곳곳에 전해지고 있으며,
그 강대한 힘으로 인류 문명에 공헌했을 가능성도 있다.
여하튼 그들의 지식이나 기술 대부분은 시간과 더불어 사라지고
말았다. 아니 그들이 발명한 것은 어쩌면 현재의 지구를 지배하는 호모
사피엔스(현생 인류)였을지도 모른다. 만일 그렇다면 그런 우리이기에
초고대 문명에 숨겨진 비밀을 풀 수 있지 않을까.

이 책의 구성

'잃어버린 문명'은 고도의 지식과 기술을
가지고 있었음에도 불구하고 멸망하고만 문명을 의미한다.
특히 그 이유를 알 수 없는 것이 많다. 또한, 고대 문명에서
고도의 지식과 기술에 기초한 인공물을 가리켜 '오파츠'라고 부른다.
이 책은 이 '잃어버린 문명'에 얽힌 유적과 유물을 다양한 각도에서 소개하고
세계 곳곳의 수수께끼와 불가사의한 현상을 파헤치기 위한 것이다.

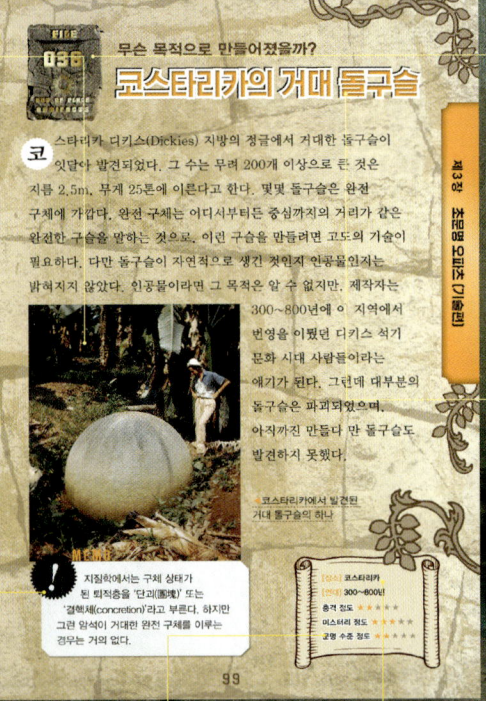

사진
유적이나 유물의 사진이나 재현 삽화 등을 실었다.

파일 번호
1~100까지 불가사의한 고대 유적과 오파츠를 소개하는 순서를 나타낸다.

지도
유적이나 유물이 있는 장소를 ★표로 나타낸다.

이름
유적이나 유물 등의 일반적인 명칭.

메모
알아 두면 도움이 될 미니 지식이나 관련 정보가 실려 있다.

충격 정도 등
정도가 높을수록 ★이 많다.

데이터
유적이나 유물이 있는 지역과 그것이 만들어진 연대.

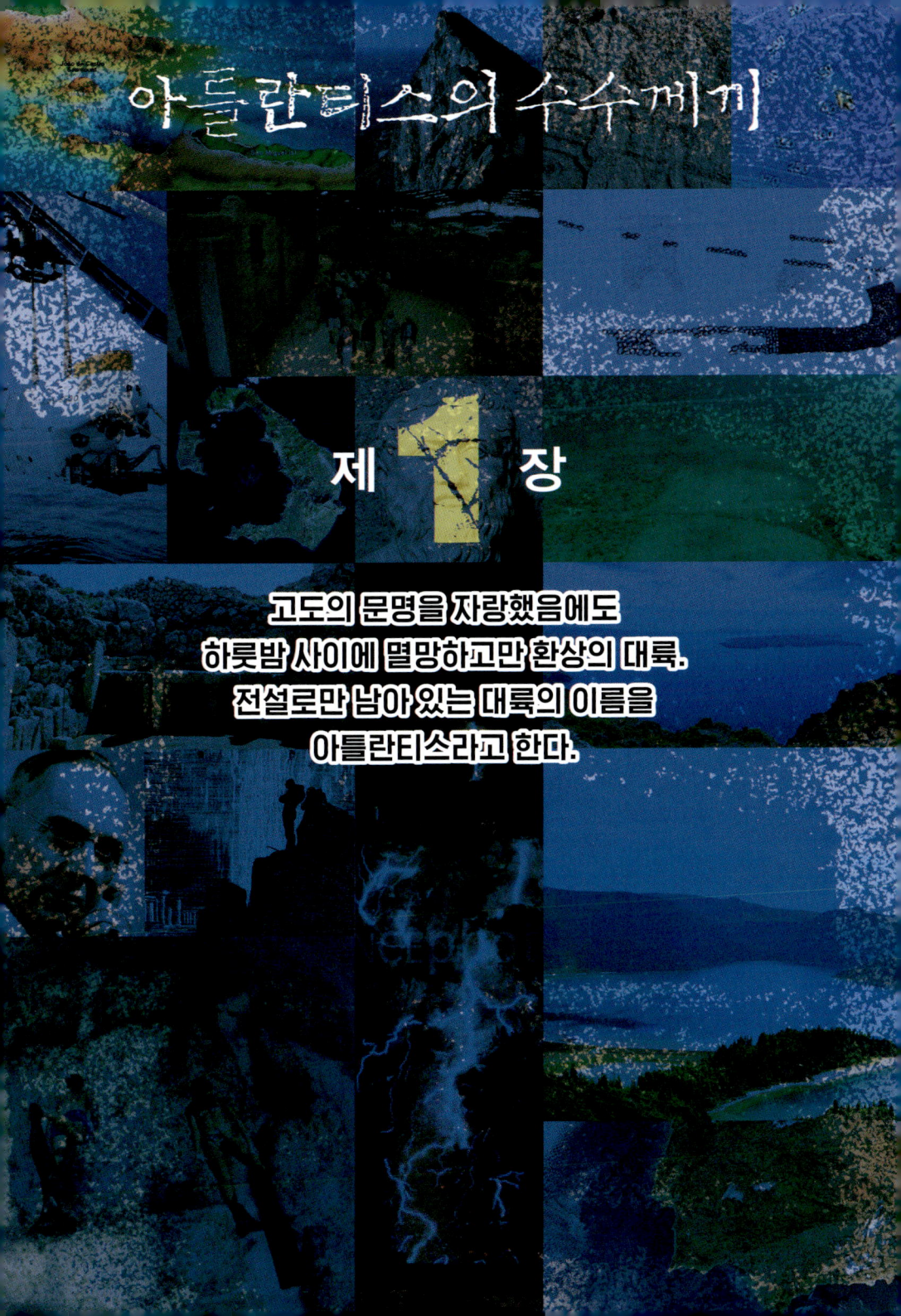

초능력·초기술로 번영을 자랑했던 신비의 대륙
수수께끼의 아틀란티스 문명

문명의 기원에는 오랫동안 알려지지 않은 '초고대 문명'이 존재한다고 전해져 왔다. 그 이름은 아틀란티스. 20만 년 전에 탄생하여 1만 2,000년 전 갑자기 천재지변에 의해 멸망했다는 환상의 문명이다. 수수께끼에 휩싸인 그 문명은 어떤 것이었을까?

19세기 영국의 신비학자 윌리엄 스콧 엘리엇(William Scott-Elliot)은 아틀란티스에 사는 사람들은 초능력을 지녔으며 텔레파시로 대화를 나누기도 했을 것이라고 했다. 아틀란티스 인이 쌓아 올린 문명은 매우 수준이 높아, 불꽃의 빛을 지닌 '오리칼쿰(Orichalcum)'이라는 미지의 금속을 다양한 기술에 응용했다.

그 기술들은 비행기, 배, 잠수함, 건물 엘리베이터 등에 쓰였다고 한다. 한편 탁월한 투시 능력을 지닌 초능력자로 아틀란티스의 모습을 목격했다는 미국의 에드거 케이시(Edgar Cayce)는 문명의 동력에는 '크리스털'이라고 불리는 미지의 결정체가 사용되었다고 한다. 중력을 조종하고 에너지를 품어 물질을 전송할 수 있게 하는 물질이다. 하지만 아틀란티스 인은 이 크리스털을 잘못 사용해서 붕괴했다고도 한다. 두 사람의 증언이 나타내는 것은 현대 문명을 훨씬 뛰어넘는 신비한 문명이 과거 지구에 존재했다는 점이다.

그 자취를 더듬어 보는 여행은 이 책 전체에 공통으로 적용된다. 그 전에 먼저 아틀란티스 문명이 무엇인지를 구체적으로 살펴보기로 하자.

▲바하마의 비미니 제도에서 발견된 돌층계, 비미니 로드. 어떤 이들은 이것을 아틀란티스의 유적이라 믿고 있다.

제1장 아틀란티스의 수수께끼

플라톤이 기록한 거대 도시
전설이 된 초문명

아틀란티스의 전설이 처음 기록에 등장한 것은 고대 그리스이다. 기원전 4세기에 활약했던 철학자 플라톤은 그의 저서에 '아틀란티스'에 관한 기록을 남겼다. 플라톤은 그리스의 정치가 솔론(기원전 7세기경)이 이집트의 신관으로부터 전해 들은 이야기라며 미지의 이 문명을 소개했다. 그 이야기의 내용은 다음과 같다.

아틀란티스는 소아시아(터키가 있는 반도)와 리비아를 합친 크기의 거대한 대륙으로, 1대 왕인 아틀란티스의 이름에서 따왔다. '아틀란티스'라고 불리는 이 대륙은 대서양에 있으며, 바다의 신 포세이돈의 자식인 10인의

▲ 역사에 남아 있는 기록 중 최초로 아틀란티스에 대해 언급한 철학자 플라톤

▶ 기록에 따라 재현한 아틀란티스의 수도 포세이도니아(Poseidonia)의 상상 이미지 삽화

왕이 다스렸다. 수도는 포세이도니아라고 불리며 삼중의 운하로 둘러싸여 있고 중앙부에 신전과 왕궁이 있다. 바깥쪽 운하의 폭은 500m로 대형 배가 지나다녔고 해외로 나가는 것도 가능했다고 한다. 수로가 골고루 연결된 평야는 작물의 열매도 풍부하고, 지하에서는 귀중한 광물이 채굴되었다. 장식에는 금과 은, 미지의 금속인 '오리칼쿰(Orichalcum)' 등이 풍부하게 쓰여 놀라울 정도로 호화로웠다. 하지만 10인의 왕은 올바른 지배자로서 해야 할 역할을 잊고 권력에 탐닉한다. 주민들 역시 부를 탐하면서 문명 전체가 타락했다. 그즈음 갑자기 대지진과 대홍수가 일어났고, 그 결과 대륙은 하룻밤 사이에 바다 밑으로 가라앉고 말았다. 이상이 플라톤이 기록한 아틀란티스 전설이다. 그렇다면 정말로 하룻밤 만에 대륙이 바다에 가라앉을 수 있는 것일까?

제1장 아틀란티스의 수수께끼

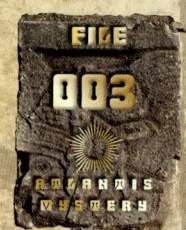

대재해가 초문명을 묻어 버렸다!
아틀란티스는 왜 멸망했을까?

영화를 자랑했던 초문명은 비극적인 마지막을 맞이한다. 그런데 처참한 피해를 일으킬 정도의 천재지변에는 대체 어떤 것이 있을까? 기본적으로는 다음 세 가지 가능성을 생각할 수 있다.

❶ 먼저 화산 폭발을 들 수 있다. 대지진과 대홍수가 발생했다는 점에서 대륙 부근의 해저에 있었던 거대 화산이 폭발했을 가능성이 높다.

❷ 거대 운석이나 소행성이 대륙에 직접 타격을 입혔을 가능성도 있다. 천체의 크기에 따라서는 대륙 하나를 송두리째 지구에서 지워 버릴 수 있을지도 모른다. 단, 그 흔적은 바로 발견될 것이다.

❸ 대홍수에 관한 전설은 세계 곳곳에서 전해져 왔다. 약 1만 년 전에 지구를 뒤덮고 있던 빙하기가 끝나면서 빙하가 녹아 해수면이 상승한 탓이리라. 그로 인해 세계적으로 대홍수가 발생했을 것으로 예상하는 것이다.

단 '하룻밤 사이에' 대륙을 가라앉힐 정도의 홍수가 일어났다고 생각하기는 어렵다. 하지만 빙하기 말기에 대지진이나 운석 낙하가 잇따라 발생했다면 그 때문에 홍수가 거세졌을 것이라는 추측은 할 수 있다. 여하튼 멸망의 원인을 알아내기 위해서는 아틀란티스의 유적이 발견되어야 한다. 역시 플라톤의 말대로 대서양 위에 있었을까? 다음에는 그 후보지를 찾아보기로 하자.

▼2010년 3월 아이슬란드에서 발생한 화산 분화. 화산 연기에 의해 번개가 내리치는 '화산 번개'가 관측되었다. 아틀란티스가 화산 폭발로 멸망했다면 훨씬 규모가 컸을 것이다.

제1장　아틀란티스의 수수께끼

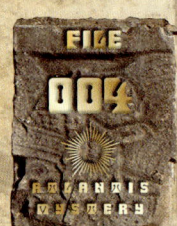

붕괴한 문명의 흔적을 찾아서
아틀란티스는 어디에 있었나?

플라톤이 이야기한 바로는 아틀란티스가 있었던 장소는 지중해에서 봤을 때 '헤라클레스의 기둥(지브롤터 해협) 바깥쪽', 즉 대서양이었다고 한다. 대항해 시대를 맞이한 15세기 이후 항해자들은 지브롤터 해협을 넘어 대서양으로 진출했는데, 이 해협은 그야말로 새로운 세계로 나가는 입구 그 자체이기도 했다. 플라톤의 기록은 그런 사람들에게 하나의 동기가 되었다고 한다. 그들 대부분은 아틀란티스의 이상향을 쫓아 넓은 바다로 여행을 떠났다. 현재 다양한 지역이 아틀란티스의 후보지로서 떠오르고 있다. 예를 들어 아프리카 북서안에 가까운 카나리아 제도,

▲◀ 아프리카 대륙 쪽의 뾰족하게 솟은 산 '몬테 아초(Monte Hacho)'에서 바라본 지브롤터(Gibraltar) 해협(왼쪽 사진의 동그라미 안). 여러 가지 설이 있지만, 이 산과 스페인 쪽 '지브롤터의 바위'를 합쳐서 현재도 '헤라클레스의 기둥'이라고 불린다.

대서양 북부의 아조레스 제도 등이 아틀란티스 침몰 후의 잔해로 여겨지고 있다. 한편 '헤라클레스의 기둥 바깥쪽'을 대서양에서 바라본 지중해로 여겨 아틀란티스는 지중해에 있었다는 설도 등장한다. 그 근거의 하나가 이탈리아 남쪽에 있는 몰타의 섬들이다. 그들 섬에서는 기원전 3,600년경에 세워진 거석 건조물이 발견되었다. 그리고 그 건조물이 지어진 것은 1만 년 전 이상이라는 설도 있다. 또한, 지하 신전은 갑작스러운 자연재해로 이 도시가 무너졌다는 것을 시사하고 있다. 이 밖에도 후보지로 생각되는 지역이 수없이 많고 다양한 설이 등장하고 있다. 게다가 모두 분명한 증거는 없으며 가설의 영역을 벗어나지 못하고 있다. 그래서 다음 페이지부터는 지금까지 주목받았던 아틀란티스의 후보지로 유명한 산토리니 섬과 비미니 로드를 소개하기로 하겠다.

▲ 아조레스 제도의 산미겔 섬에는 화산으로 생긴 호수가 있다.

▶ 몰타에서 기원전 3,600년경에 세워진 그잔티야(Ggantija) 신전.

화산 폭발로 붕괴한 섬

그 옛날 바다가 산토리니 섬을 집어삼켜 버렸다!

아틀란티스 후보지로 가장 유명한 장소가 그리스의 에게 해에 있는 아름다운 섬, 산토리니다. 플라톤이 들었다던 아틀란티스의 전설이 실제로 바다에 가라앉은 섬을 모델로 한 것이라면 그 후보지의 하나로 생각할 수 있다. 산토리니 섬은 현재 커다란 초승달 모양을 하고 있는데, 과거에는 지름 약 18km의 거의 원형에 가까운 섬이었다. 그랬던 섬이 지금과 같은 형태가 된 것은 기원전 1,628년경이다. 섬에 있었던 화산이 대분화를 일으켜 그 거대한 에너지에 의해 섬 중앙부가 바닷속에 가라앉은 것이다(단, 기원전 2세기경에 또다시 분화가 일어나 중앙부에 화산섬이

▼화산에 의해 형성된 분화구(caldera 지형)가 바다가 되었다. 중앙의 섬은 현재도 활발한 화산 활동을 하고 있다.

형성되었다.). 그뿐만이 아니다. 이 화산 분화로 대량의 화산재와 대규모 쓰나미가 불러온 피해가 번영의 절정을 맞고 있었던 문명을 멸망시킨 것으로 추측된다. 그 문명은 에게 해의 거의 중앙에 있는 크레타 섬을 중심으로 번성했는데 그것이 바로 현재 산토리니 섬에 유적이 남아 있는 미노아 문명이다. 유감스럽게도 플라톤은 그의 저술 안에 아틀란티스의 멸망을 약 1만 2,000년 전으로 추정했기 때문에 연대가 맞지 않는다. 하지만 대재해의 흔적이 남아 있는 장소라는 점에서는 가장 가능성이 크다고 할 수 있다. 이 대재해의 기억이 후세까지 전해져서 마침내 아틀란티스 전설이 되었다고 해도 전혀 이상할 게 없다.

▲ 섬에 남아 있는 미노아 문명 유적. 하지만 초고대 문명의 흔적은 없었다.

▼ 산토리니 섬 위성 사진

수수께끼의 해저 유적 비미니 로드

'고대의 돌층계'를 초능력자가 예언했다!

미국 플로리다 반도 남동에 있는 바하마의 비미니 제도에서 약 1km 거리의 모래톱에서 인공물로 보이는 돌담이 발견된 것은 1968년의 일이었다. 그것은 길이 1km에 이르는 장대한 돌층계로, 주로 직사각형의 석회암 재질 석재가 거의 직선으로 나열된 것이었다(왼쪽 사진). 인공적인 도로처럼 보이는 모양 때문에 이 돌층계를 '비미니 로드'라고 이름 붙였다.

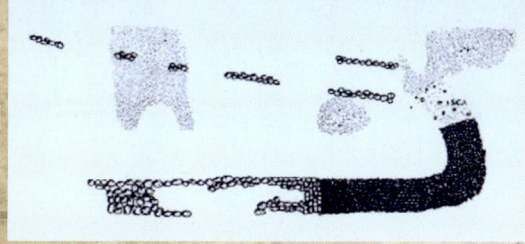
▲약 1km나 이어진 비미니 로드

석재의 크기는 최대 4~5m이다. 이것은 거석을 자유자재로 다룰 줄 아는 문명이 이곳에 존재했다는 사실을 나타낸다. 그뿐만이 아니다. 이 밖에도 인공물로 추정되는 벽과 기둥이 다수 발견되었다. 게다가 이러한 건조물에 사용된 돌은 연대 측정 결과 1만 5,000년 전의 것이라고 한다.

그런데 이 해저 유적에는 기묘한 사실이 있다. 초능력자이자 '잠자는 예언자'로 유명한 에드거 케이시가 '1968년에 비미니의 흙탕물 속에서 해저 유적이 나타날 것'이라고 예언했다!

▲예언자 에드거 케이시

바다 밑의 돌에 대해서는 자연의 것이라는 설도 있으나 아직 밝혀진 것은 없다. 하지만 비미니 앞바다도 플라톤이 말하는 '대서양'에 포함되므로 아틀란티스의 일부일 가능성은 있다. 주변에서 해저에 가라앉은 지상화 같은 것도 발견된 것으로 미루어보아 미지의 문명이 실제로 존재했었음을 시사한다.

세계 곳곳을 누빈 놀라운 뉴스
아틀란티스 발견인가?

2013년 4월 수수께끼의 아틀란티스에 대해서 브라질 정부와 일본 해양 연구 개발 기구에 의한 놀라운 발표가 있었다. "브라질 리우데자네이루(Rio de Janeiro) 앞바다 해저 대지에서 육지에서가 아니면 볼 수 없는 화강암의 긴 벼랑이 발견되면서 대서양 위에 대륙이 있었다는 사실이 판명되었다!"

▲대서양에서 육지의 흔적을 발견한 심해 탐사선 '신카이 6500'

게다가 브라질 정부는 이렇게 덧붙였다. "전설의 아틀란티스와 같은 육지가 존재했다는 매우 강력한 증거다." 이 발견은 일본 해양 연구 개발 기구의 유인 잠수 조사선 '신카이 6500'에 의해 이루어졌다. 앞으로의 조사에서 화강암이 있는 해저에서 어떠한 인공물이 발견된다면 그것이 과거에 가라앉은 미지의 대륙=아틀란티스가 실제로 존재했다는 증거가 될 가능성이 높다. 한편, 앞서 발표된 장소와 다르기는 하지만, 2013년 9월에는 대서양의 아조레스 제도 부근에서 피라미드 모양의 구조물이 발견되었다. 장소는 수심 약 1,000m의 해저로, 높이 약 60m의 물체가 있다는 것이다. 측심 수중 음파 탐지기가 포착한 영상밖에 공개되지 않았지만, 포르투갈 고고학 조사 협회가 해군과 협력하여 잠수 조사를 진행하고 있다니 언젠가는 자세한 결과가 발표될 것이다. 아틀란티스의 후보지는 수없이 많지만, 아직 결정적인 자취는 발견되지 않았다. 하지만 조사 기술이 발달하면 아직 인류가 모르는 장소에서 그 흔적이 발견될 가능성도 있다. 이런 최신 뉴스는 '아틀란티스 발견'에 대한 예고가 될지도 모르겠다. 전 세계 사람들이 그날을 손꼽아 기다리고 있다.

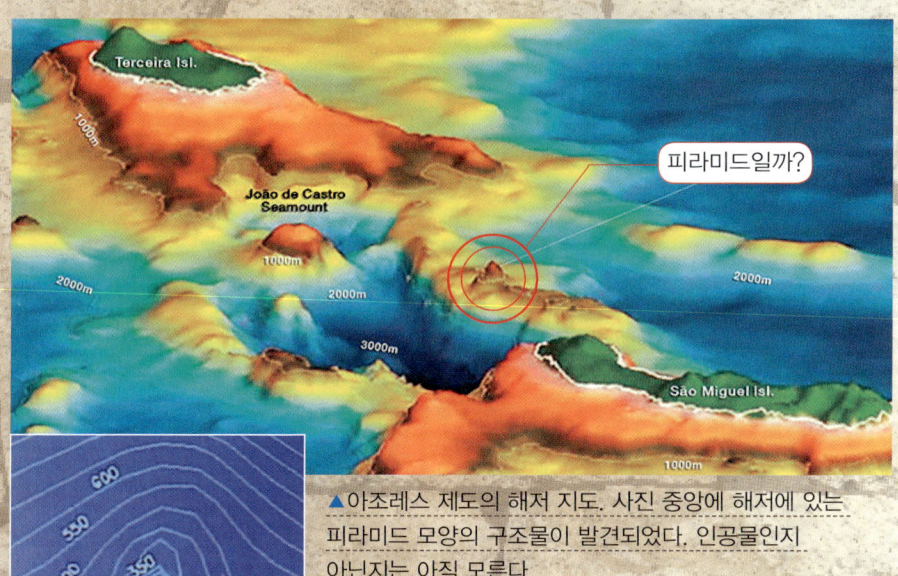

▲아조레스 제도의 해저 지도. 사진 중앙에 해저에 있는 피라미드 모양의 구조물이 발견되었다. 인공물인지 아닌지는 아직 모른다.

◀측심 수중 음파 탐지기가 포착한 피라미드 모양 구조물. 수중 음파 탐지기로는 사각뿔 모양의 인공물로 보인다.

칼럼|과연 그렇구나! **초고대 문명학 ❶**

잃어버린 대륙이란 무엇인가?

☞ **태평양에서 번영을 자랑했던 '무 대륙'**

최근 들어 세계 곳곳의 해저에서 그곳이 과거 대륙의 일부였음을 암시하는 흔적이 잇달아 발견되었다. 물론 자연적으로 생긴 지형을 착각한 것일 수도 있다. 하지만 그중에 '잃어버린 문명'이 실제로 존재했다는 증거가 있을지도 모른다. 바다에 잠긴 문명은 때로 '잃어버린 대륙'이라 불리기도 한다. 아틀란티스도 그 가운데 하나다. 그런데 바다가 대륙 하나를 통째로 집어삼키는 일이 진짜로 가능할까?

지구가 탄생한 지 약 46억 년. 대륙은 항상 계속 움직이며 그 형태를 바꿔 왔다. 접근하기도 하고 분열하기도 하면서, 어디에선가는 새로운 대륙이 탄생하고, 또 어디에선가는 그때까지 존재했던 대륙이 자취를 감춘다. 그런 반복을 통해 현재와 같은 지형이 형성되었다. 다시 말해 오래전 지구는 지금과는 다른 모습이었다. 약 1만 2,000년 전 대서양 위의 '아틀란티스(대륙)'와 마찬가지로 태평양 위에도 거대한 대륙이 있었다고 한다. 그것이 바다에 가라앉은 '무(Mu) 대륙'이다. 무 대륙이

◀ 과거 무 대륙은 태평양 거의 한가운데 존재했다고 한다.

세계에 알려지게 된 것은 20세기 초의 일이다. 영국 군인으로 고고학 연구자이기도 했던 제임스 처치워드(James Churchward)가 인도에서 군대 일을 하고 있었을 때 힌두교 사원에 '나칼(Naacal)(성스러운 형제)'이라고 하는 특수 언어를 새긴 점토판이 있음을 알았다. 거기에는 인류의 기원에 얽힌 이야기와 과거 지상에서 번영했던 무 대륙의 모습이 자세히 기록되어 있었다고 한다. '나칼 비문'이라는 이름이 붙여진 그 점토판의 기록을 보면 태평양 중심에 있었던 무 대륙의 크기는 동서 약 8,000km, 남북 약 5,000km이다. 지금의 지리를 기준으로 말하면 그 범위는 북쪽으로는 하와이 제도, 서쪽으로는 마리아나 제도, 동남쪽 끝은 이스터 섬에 이른다. 또한, 인류는 5만 년 전 바로 무 대륙에서 탄생했다고 한다. 좋은 기후 조건으로 열매가 풍부한 이 대륙은 지상 낙원으로 '라 무(태양의 아들)'라고 불리는 왕이 다스렸다.

7개의 도시가 있었다는 무의 최고 전성기 시절 인구는 6,400만 명에 이르렀다고 한다. 전쟁도 없고 평화적이었던 무 제국 사람들은 우수한 항해술을 이용해 동쪽으로는 중앙아메리카와 남아메리카, 서쪽으로는 중국, 동남아시아 방면으로 세력을 뻗어 나갔으며, 이처럼 태평양을 둘러싼 지역으로 문화를 넓히면서 막대한 부를 손에 넣고 더 없는 영화를 누렸다. 하지만 그 영화도 갑작스럽게 끝을 맞이한다.

▶(왼쪽)나칼 비문에 적혀 있다고 하는 '무'를 나타내는 기호.
(오른쪽)무 대륙의 존재를 주장한 제임스 처치워드

☞ 무 대륙은 순다랜드였다?

약 1만 2,000년 전 지진과 휴화산 폭발에 이어 대규모 쓰나미가 발생했다. 광대한 대륙은 하룻밤 만에 바다 밑으로 가라앉았다. 처치워드는 나칼 비문에 쓰인 내용을 책으로 정리하여 1931년에 출판했다. 그리고 무 대륙 이야기는 환상이 아니며 많은 고대 문명의 기록을 통해 실존을 증명할 수 있다고 주장했다.

예를 들어 마야의 기록에 과거 '무'라고 불리는 왕국이 재해 때문에 멸망했다고 쓰여 있는 점이나 티베트의 고문서, 이스터 섬의 비문 등에도 무 대륙이 실존했다는 흔적이 보인다는 얘기다. 게다가 그는 태평양을 둘러싼 지역에 펼쳐졌던 문화에 유사성과 공통점이 보이는 것도 증거의 하나라고 생각했다. 그런데 그 후 현대의 해양 지질학으로 당시의 태평양에 대륙이 존재했을 가능성은 거의 없다는 사실이 밝혀졌다.

즉 처치워드가 주장하는 대륙이 없었다는 것이다. 역시 무 대륙은 환상이었을까? 그런데 최근 빙하 시대의

▲무 대륙의 멸망 모습을 표현한 상상 이미지 삽화.
화산 분화와 대형 쓰나미가 도시를 삼켜 버렸다.

동남아시아 지역에 존재했던 오래된 대륙 '순다랜드(Sundaland)'가 바로 무 대륙이었다는 설이 등장했다. 7만 년 전에 해상에 있었던 이 대륙은 빙하기가 끝나고 해수면이 상승한 약 1만 2,000년 전에 바다 밑으로 가라앉았다. 순다랜드는 전 아시아계 민족 모두의 고향이라는 설도 있다. 또한, 태평양 주변에 공통된 문화를 전달한다는 의미에서도 장소는 다르지만, 이 대륙을 전설의 '무'라고 생각할 가능성은 충분하다.

환상의 '레무리아 대륙'은?

무 대륙과 마찬가지로 '환상의 대륙'이라고 불리는 곳이 또 하나 있다. 인도양에 있었다고 하는 '레무리아 대륙'이다. '레무리아(Lemuria)'라는 이름은 원숭이의 일종인 '레무르(여우원숭이)'에 유래한다.

레무르는 아프리카 동부 인도양에 떠 있는 마다가스카르 섬에 서식하는 동물이다. 이 레무르는 바로 옆 아프리카 대륙에는 없다. 그런데 바다를 건너 수천 킬로미터나 떨어진 스리랑카와 인도, 인도네시아 등 인도양을 둘러싼 제한된 지역에서는 볼 수 있다. 추측할 수 있는 이유는 하나. 마다가스카르와 인도 주변은 과거 거대한 육지로 이어져 있었던

▲동남아시아의 해저 지도. 흰색 부분은 '대륙붕'이라고 불리는 얕은 장소로 수면이 낮았을 때는 땅이었음을 알 수 있다.

게 아닐까 하는 점이다. 이 가설은 대륙이 이동한 사실로 설명된다. 유감스럽지만 인도양에 환상의 대륙이 있었던 건 아니다.

훨씬 옛날 미지의 대륙이 존재했을 가능성은 거의 없다. 따라서 아틀란티스도 대륙이 아니었을 가능성이 크다. 하지만 한편으로 '잃어버린 대륙'이 과거 가라앉은 섬들이나 연안 지역에 번성했던 문명을 의미할 가능성을 버릴 수는 없다. 앞으로의 해양 고고학의 발전과 더불어 새로운 발견이 기대되고 있다.

◀ 레무리아 대륙을 상상한 지도

◀ 마다가스카르 섬에 서식하는 레무르의 일종인 알락꼬리여우원숭이(Ring-tailed Lemur)

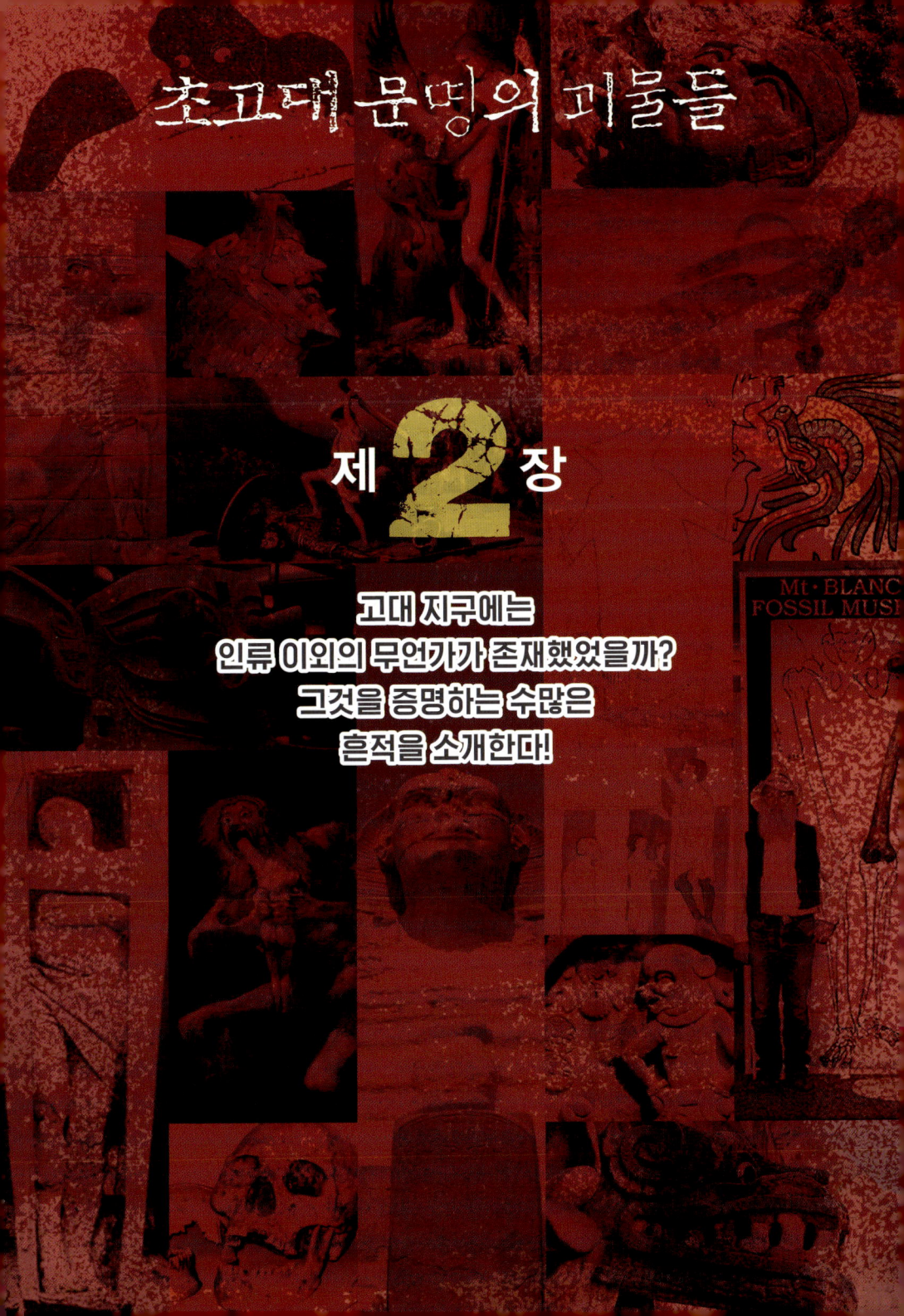

초고대 문명의 괴물들

제 2 장

고대 지구에는
인류 이외의 무언가가 존재했었을까?
그것을 증명하는 수많은
흔적을 소개한다!

초고대 문명의 수수께끼를 간직하고 있다?
스핑크스

❶ 수수께끼를 좋아했던 신령스런 짐승

스핑크스는 실존했던 괴물은 아니지만, 지중해 일대 고대 문명에서는 중요하게 여기는 신성한 동물이다. 그 기원은 이집트다. 인간의 머리에 사자의 몸통을 가진 모습이 특징으로, 가장 유명한 것은 기자의 피라미드 앞쪽에 서 있는 '대스핑크스'이다. 고대 이집트의 스핑크스는 왕권을 지키는 신령스러운 짐승으로, 신전 입구에 자리하고 있으므로 일본의 고마이누(狛犬：신사(神社) 주변이나 참배길 옆에 놓여 있으며 사악한 마음을 가진 자들을 감시하는 괴수의 총칭-역주)와 비슷할지도 모르겠다. 스핑크스는 후에 메소포타미아와 그리스 등에 전해졌다. 그리스에서는 여성의 머리에 사자의 몸, 그리고 독수리 날개를 지닌 것으로 표현된다. 그리스 신화의 스핑크스는 수수께끼 내기를 좋아하며 도시의 입구를 지키면서 도시를 찾은 여행자에게 다음과 같은 질문을 한다.

"아침에는 다리가 네 개, 점심에는 다리가 두 개, 저녁에는 다리가 세 개인 것은

▲그리스 신화에 등장하는 스핑크스는 독수리 날개와 여성의 머리를 지니고 있다.

[장소] 미상(여러 지역)
[연대] 미상
충격 정도 ★★★☆☆
미스터리 정도 ★★★★★
문명 수준 정도 ★★★☆☆

▼ 이집트 기자의 피라미드 앞쪽에 서 있는 대스핑크스

제 2 장   초고대 문명의 괴물들

무엇이냐?"
여행자가 정답을 맞히면 도시에 들어갈 수 있지만 틀리면 죽음이 기다리고 있다. 참고로 스핑크스가 낸 수수께끼의 답은 '인간'이다. 인간은 아기 때는 손발을 바닥에 대고 기어 다니다가 성장하면 두 발로 걷는다. 하지만 노인이 되면 지팡이를 짚어서 세 발이 된다는 말이다.

❷ 대스핑크스의 수수께끼

그런데 '수수께끼' 하면 이집트의 대스핑크스 자체에도 수많은 수수께끼가 따라다닌다. 여기서는 주요한 수수께끼 세 가지를 소개하기로 하겠다.

❶ 총 길이 73.5m, 높이 20m의 이 신령스러운 상은 기원전 2,500년경 고대 이집트의 카프레 왕이 자신의 피라미드를 지키게 하려고 세웠다는 설이 유력하다. 하지만 그에 대한 근거는 대스핑크스 다리 사이에 있는 돌비에 '카프'라는 글자가 있었다는 이유밖에 없다.

▲ 중동 페르시아의 스핑크스 돌을새김

❷ 만들어진 연대도 수수께끼다. 스핑크스의 몸통을 가로지르는 깊은 홈은 바람과 모래에 의한 풍화 작용 때문에 생긴 것으로 여겨져 왔다. 그런데 대스핑크스는 건조된

◀ 이집트의 대스핑크스와 가장 얼굴이 비슷한 스핑크스

이래 약 4,500년 중 3,300년 동안 모래 속에 파묻혀 있었다고 한다. 과연 홈이 형성될 정도의 풍화가 일어났을까?
이에 대해서 과거 이 사막에 수분이 풍부했던 시대, 즉 약 1만 년 전에 대스핑크스가 건조되었다는 설도 있을 정도로 수수께끼는 점점 더 커져만 가고 있다.

❸1980년대에 와세다 대학이 대스핑크스 일대를 전자기 레이더로 조사한 결과, 지하에 미지의 공간이 있다는 사실을 알았다. 실은 이미 1930년대에 초능력자 에드거 케이시(Edgar Cayce)가 이 사실을 말한 바 있다. 케이시는 1만 500년 전에 아틀란티스 문명의 중요한 기록이 이 공간에 보관되었다고 말했다. 대스핑크스의 수수께끼를 해명하는 것은 잃어버린 초고대 문명의 비밀을 밝히는 일이 될지도 모르겠다!

제2장 초고대 문명의 괴물들

▲대스핑크스는 한 장짜리 바위를 파서 만든 세계 최대의 조각상이다.

▲19세기까지 대스핑크스의 몸통은 모래에 파묻혀 있었다.

◀대스핑크스의 머리 부분이 사자였다는 설도 있다.

날개 달린 뱀의 정체는 무엇일까?
케찰코아틀

▲날개 달린 뱀의 모습을 하고 있다.

케찰코아틀(Quetzalcoatl)은 14~16세기에 걸쳐 멕시코에서 번영했던 아스테카 문명의 신으로, 아스테카 문명보다 먼저 발전했던 마야 문명에서는 '쿠쿨칸(Kukulcan)'이라고 불리었다. 사람들에게 불을 다루는 방법과 문화, 농업을 가르친 신이다. 그 이름은 '날개 달린 뱀'이라는 의미다. 원래는 이름대로 뱀의 모습을 한 신이었지만, 시대가 지남에 따라 인간 남성의 모습을 한 흰색 피부의 신으로 추앙받기도 했다. 신화 속 케찰코아틀은 태양신이며 창조신이기도 했다. 그 괴력으로 바위를 던져 숲을 평지로 만들었다고 한다. 평화를 사랑하고 마야나 아스테카에서 이루어졌던 산 제물 의식을 그만두게 했던 것으로도 유명하다. 하지만 그 때문에 산 제물을 좋아하는 다른 신에게 시기를 당해 아스테카에서 추방당하고 말았다.

케찰코아틀은 사람들에게 "나는 다시 돌아올 것이다."라는 말을 남기고 하늘로 떠나 마침내 금성으로 모습을 바꿨다고 한다. 만일 케찰코아틀이 실제로 존재했던 아스테카의 원주민이라면 이러한 신화 속 묘사로 볼 때 그 정체는 우주인이었을지도 모른다. 외양은 괴물 그 자체이지만 아스테카에 필요한 문명을 전달했던 지적 생명체라는 말이다.

[장소] 멕시코
[연대] 미상
충격 정도 ★★★★
미스터리 정도 ★★★★
문명 수준 정도 ★★★★★

Quetzalcoatl
▶ 괴수의 벌어진 입을 통해 얼굴을 내미는 케찰코아틀

제2장 초고대 문명의 괴물들

MEMO

케찰코아틀이 다시 온다고 예언했던 1519년, 흰색 피부의 스페인 인 에르난 코르테스(Hernán Cortés) 등이 아스테카 제국의 수도에 들어갔다. 아스테카 인은 그들을 신이라고 생각해서 정중히 대접했지만 뒤늦게 '침략자'라는 사실을 깨달았다고 한다.

▲ 테오티우아칸(Teotihuacan) 유적의 신전에는 뱀의 머리를 한 케찰코아틀의 조상이 나열되어 있다.

FILE 010 ANCIENT MONSTERS

수수께끼 가면의 정체는 무엇일까?
삼성퇴의 괴물

중국 쓰촨 성 장강 유역에서 발견된 삼성퇴(三星堆) 유적은 5,000~3,000년 전에 번성했던 도시다. 여기서 발견된 청동기 출토물 가운데 특히 주목할 만한 것이 무게 110kg이나 되는 '대형 세로줄 가면'이다. 그 눈은 앞으로 튀어나와 있고, 귀는 날개와 같이 펼쳐져 있다. 학자의 말을 따르면 이 가면은 고대의 왕을 모델로 한 것으로 추측하는데, 인간의 얼굴과는 너무나 거리가 멀다. 일설에는 인간의 머리에 뱀의 몸을 한 고대 중국의 신인 '촉룡(燭龍)'을 표현한 것일 수도 있다고 한다. 용은 중국 문명과 관계가 깊은 신성한 동물이기도 하다.

[장소] 중국
[연대] 3,000년 전경
충격 정도 ★★★★★
미스터리 정도 ★★★★★
문명 수준 정도 ★★★★★

◀중국 삼성퇴 유적에서 발굴된 '대형 세로줄 가면'. 기묘하게도 눈이 튀어나와 있다.

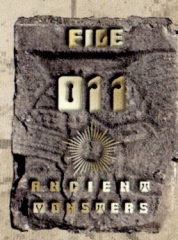

살아 있는 공룡의 모습을 그린 것일까?
애리조나의 공룡 벽화

미국 애리조나 주 북부의 그랜드캐니언 국립 공원에는 직립 이족 보행을 하는 티라노사우루스와 비슷한 생물의 벽화가 있다. 긴 목과 꼬리를 지닌 모습은 공룡 그 자체다. 이 벽화가 언제 그려진 것인지는 알려지지 않았다. 그랜드캐니언의 암벽화는 2,000년 정도 전부터 그려졌는데, 이 벽화도 상당히 오래된 것일 가능성은 있다. 6,600만 년 전에 멸종한 공룡의 존재가 분명해진 것은 19세기가 되어서다. 살아 있는 공룡이 존재했는지, 그런 지식이 고대부터 전해져 왔는지는 알 수 없다. 다만 만일 공룡을 그린 것이라면 벽화를 그린 미국 원주민은 공룡의 존재를 알고 있었다는 얘기가 된다.

제2장 초고대 문명의 괴물들

공룡 벽화?

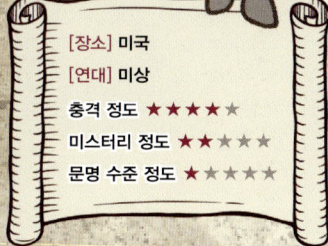

[장소] 미국
[연대] 미상
충격 정도 ★★★★☆
미스터리 정도 ★★☆☆☆
문명 수준 정도 ★☆☆☆☆

◀ 암벽을 깎아서 그린 공룡 그림은 30cm 정도 크기다.

FILE 012

인류 이전의 미지 종족일까?
세계의 거인 전설

[장소] 세계 각 지역
[연대] ─

충격 정도 ★★★★★
미스터리 정도 ★★★★
문명 수준 정도 ★★★

▲ 스페인 화가 프란시스 고야(Francis Goya)가 그린 걸작 '자식을 잡아먹는 사투르누스'. 로마 신화 속 거인 사투르누스의 전설을 소재로 한 무서운 그림이다.

❶ 거인이 거석 건조물을 만들었다?

이집트의 대피라미드 등, 세계 곳곳에는 거석을 사용한 유적이 수없이 많이 남아 있다. 게다가 유적 대부분에서 그 거석을 어떻게 자르고 운반하고 쌓아 올렸는지는 알려지지 않았다. 그 때문에 지역에 따라서는 거대한 신이 벌인 일이라는 전승이 남아 있다. 영국의 거석 건조물 스톤헨지에도 '아서 왕 전설'로 유명한 마술사 마린이 거인족에게 거석을 운반시켜 건조했다는 이야기가 전해진다. 실제로 그리스, 북유럽, 켈트(Celt), 인도, 중국 등에는 아주 오래전 거인족이 있었다고 하는 신화나 전설은 많다. 그중에는 거인이라기보다 거대한 신이 자신의 몸을 써서 천지를 창조하기도 했다고 한다.

▲거인이 돌을 쌓아 올려서 만든 것으로 보이는 페루의 삭사이와만(Sacsaywaman) 유적

▲거인이 스톤헨지를 건조했음을 전하는 그림

◀성서에 등장하는 거인 골리앗은 소년 다윗에 의해 쓰러졌다.

즉, 인류 이전에 '거인족'이라고
할 만한 종족이 있었을지도
모른다는 뜻이다. 일본에도 거인
전설이 있다. 8세기 초기 기록에
등장하며 전국 곳곳에 전해지고
있는 '다이다라봇치'가 바로 그
주인공인데, 많은 산과 호수를
만든 신이라고 한다. 후지 산을
만들기 위해 흙을 판 자국이
야마나시 현의 고후 분지가 되었고
지면에 찍힌 손자국을 따라 물이
고여서 생긴 것이 시즈오카 현의
하마나 호수이며 일본 곳곳에도
그 존재를 암시하는 장소가 남아
있다고 한다. 성서에도 거인의
전설이 쓰여 있다. '창세기'의
네피림(Nephilim)이라는 거인은
키가 4m나 된다고 한다. 성서에
따르면 신과 인간의 혼혈이었던 것
같다. 또한, 고대 이스라엘의 적인
골리앗은 키가 약 3m에 57kg이나
되는 갑옷을 입고 7kg에 가까운
철로 된 창을 지녔다고 한다.

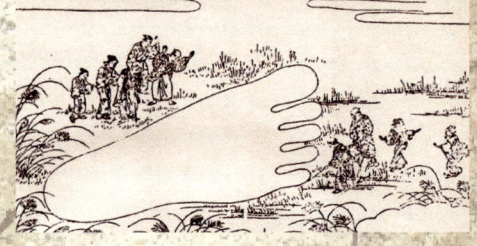
▲ 다이다라봇치의 발자국

▲ 다이다라봇치와 비슷한 요괴 '오뉴도(大入道)'

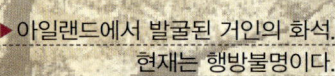
▶ 아일랜드에서 발굴된 거인의 화석. 현재는 행방불명이다.

❷ 거인의 정체는 초고대 문명인일까?

그렇다면 거인은 실제로 존재했을까? 중생대 공룡이 그토록 거대했다면 인류 이전의 종족도 거대했을 가능성은 크다. 세계 곳곳에서 전해져 내려오는 이야기는 그런 생명체가 있었음을 암시한다. 생각할 수 있는 가능성의 하나는 UMA(미지의 동물)인 빅풋(Bigfoot)이다. 몸길이가 2~3m로 화석 인류의 생존자로 여겨지고 있다. 또 하나는 옛날에 지구를 찾아왔던 지구 바깥의 지적 생명체일 가능성이다. 지구를 찾아올 정도의 우주인이라면 거석 운반 방법을 비롯한 고도의 지식을 지녔을 것이다. 하지만 세계 각 지역의

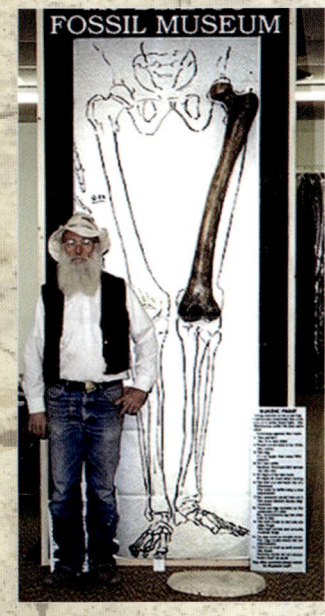
▲미국 텍사스 주에서 발굴된 거인의 뼈

신화나 전설에 따르면 그런 존재는 아틀란티스 등 초고대 문명의 붕괴와 더불어 대부분 자취를 감추고 말았다. 물론 그 자손은 지금도 살아남아서 어디선가 몰래 숨어 살고 있을지도 모른다.

▲미지의 동물인 빅풋

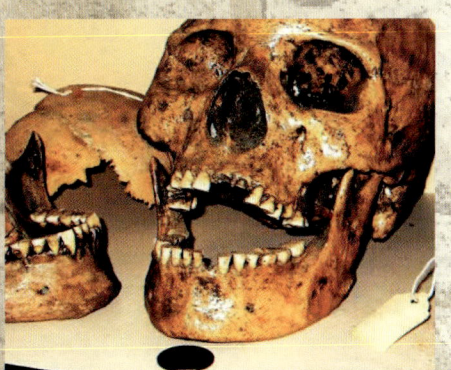
▲미국 네바다 주에서 발견된 두개골. 빨간 털을 지닌 3m의 거인으로 여겨진다.

FILE 013 ANCIENT MONSTERS

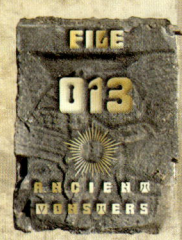

지구에 문명을 일으킨 우주인일까?

러시아의 장두인

2005년 러시아 남서부의 키슬로보스크(Kislovodsk)에서 후두부가 길게 발달한 인간의 두개골이 발견되었다. 발굴 장소는 고대 유목민인 알란(Alans) 인이 살았던 지역으로 사체의 매장지였다. 발견된 100개 이상의 두개골 중 3개가 두개골이 긴 '장두인(長頭人)'이었다. 이 지역의 풍습에 의한 것이라는 설도 있는데, 그렇다면 더욱 많은 두개골이 발견되어도 이상할 일이 아니다. 기묘하게도 이런 두개골은 이집트나 남아메리카 등 세계 곳곳의 유적에서도 발견되고 있다. 뇌의 용량이 크다는 점에서 장두인은 인류에게 문명을 가져다준 거인이거나 우주인이라고 주장하는 사람도 있을 정도다.

[장소] 러시아
[연대] 미상
충격 정도 ★★★☆☆
미스터리 정도 ★★★☆☆
문명 수준 정도 ★☆☆☆☆

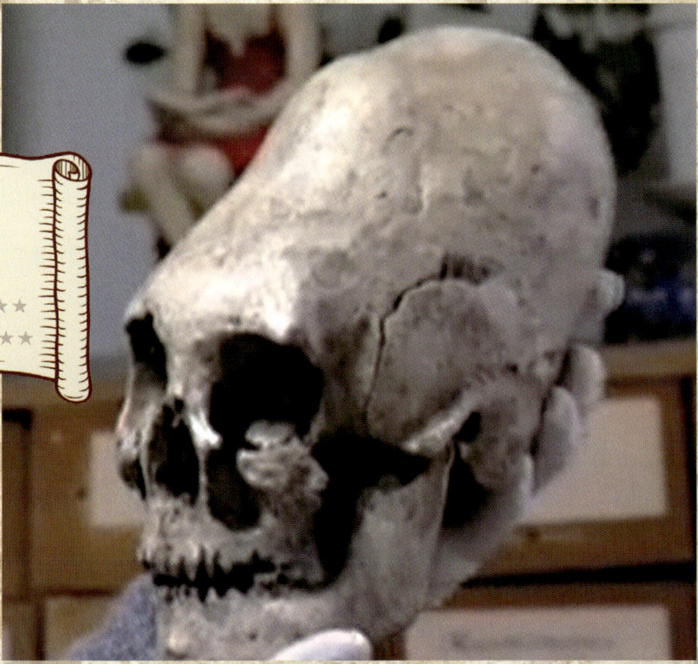

▶러시아에서 발굴한 후두부가 긴 두개골. 미지의 인류가 존재했던 걸까?

미국 최고의 문명이 간직한 수수께끼

올메카의 거석 인두상

멕시코 주변에서 기원전 1250년경에 번성했던 올메카(Olmeca) 문명은 아메리카 대륙 초창기의 문명이다. 라벤타(La Venta) 유적에는 수수께끼의 거석 인두상(人頭像)이 남겨져 있다. 최대 50톤이나 되는 현무암은 수십 킬로미터 떨어진 산에서 운반되었다고 한다. 운반 방법도 수수께끼지만 더욱 불가사의한 점은 코가 낮고 입술이 두꺼운 인두상의 얼굴이다. 당시 아메리카 대륙에 있었던 몽골로이드계 인종이라기보다 아프리카계 인종의 특징을 지녔다. 하지만 아프리카 인이 바다를 건넜다는 증거는 전혀 없다. 그렇다면 멕시코 주변에는 거인과 같은 미지의 인류가 존재했다는 얘기일까?

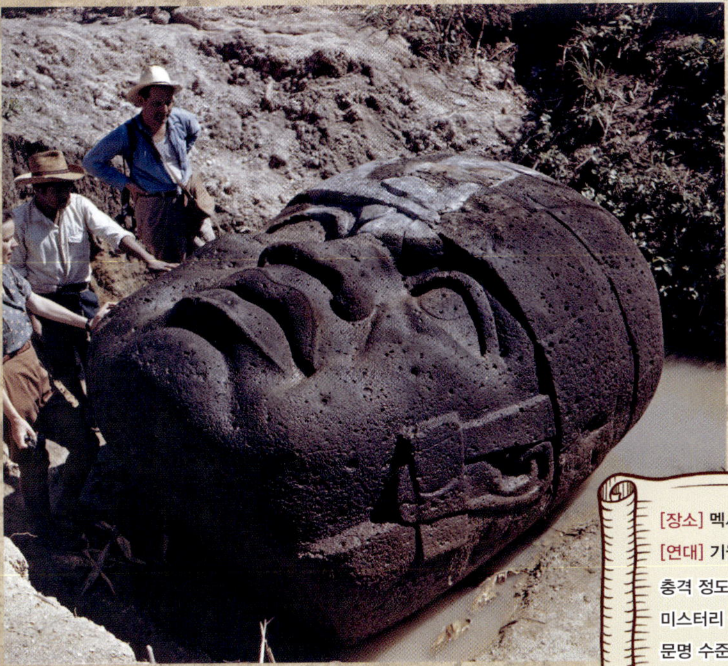

▶ 라벤타 유적에서 발굴된 거석 인두상은 무슨 이유에서인지 땅속에 묻혀 있었다고 한다.

[장소] 멕시코
[연대] 기원전 1250년경
충격 정도 ★★☆☆☆
미스터리 정도 ★★★★☆
문명 수준 정도 ★★☆☆☆

FILE 015 ANCIENT MONSTERS

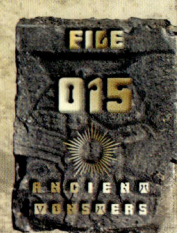

2억 년 이상 전에 거인이 실존했다?

남아프리카의 거인 발자국

남아프리카 북동부 음팔루지(Mpaluzi) 교외에는 길이 1.3m의 기묘하게 패인 자국이 남아 있다. 이 자국이 우연의 산물이거나 인공적으로 만들어진 것이 아니라, 인간이 남긴 발자국이라고 한다면 그 키는 추정 10m. 즉 거인의 발자국이라는 얘기가 된다.

이 바위는 화강암으로 30억~2억 년 전에 생긴 것으로 보인다. 화강암은 마그마가 지하 깊은 곳에서 굳은 것으로, 어쩌다 이런 발자국이 찍혔는지 알 수가 없다. 오스트리아의 오파츠 연구가인 클라우스 도나(Klaus Dona)의 이야기로는 스리랑카에도 이와 거의 비슷한 크기의 왼쪽 발자국이 있다고 한다.

[장소] 남아프리카
[연대] 30억~2억 년 전
충격 정도 ★★★★☆
미스터리 정도 ★★★☆☆
문명 수준 정도 ★☆☆☆☆

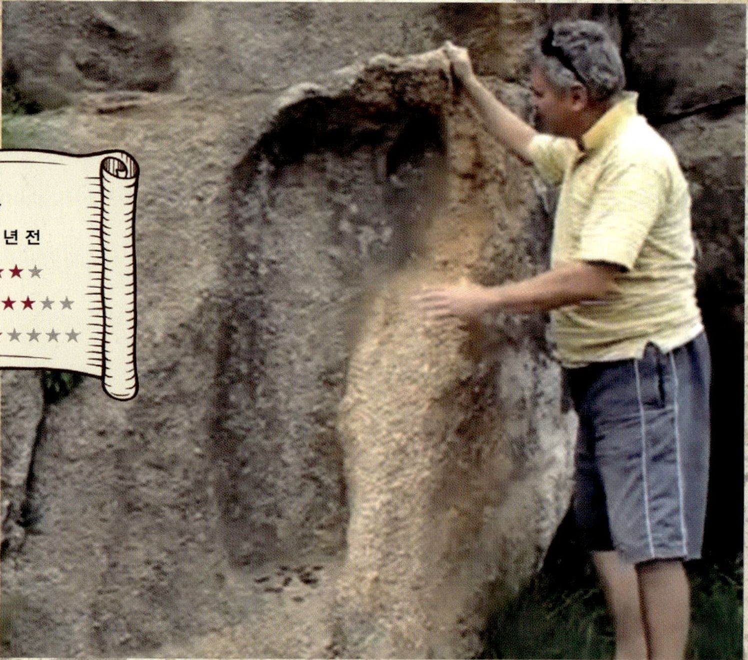

▶남아프리카에서 발견된 발자국은 발가락 형태까지 확실히 남아 있다.

목장에서 발굴한 것은 진짜 화석일까?
카디프의 거인 화석

1 869년 10월 미국 뉴욕 주 카디프의 어느 한 농장에서 우물을 파던 중에 놀랄 만한 것이 발견되었다. 그것은 무려 키가 3m가 넘는 거인 화석이다. 몸을 비튼 상태에서 굳어진 이 화석은 우묵한 눈과 콧구멍, 피부의 모공까지 남아 있었다.
"성서에 등장하는 거인이 실제로 존재했다?"
이 발견으로 미국 전역이 떠들썩했고 농장에는 연일 많은 구경꾼이 몰려들었다. 그러나 사실 이 화석은 석고를 굳힌 인공물이었다.

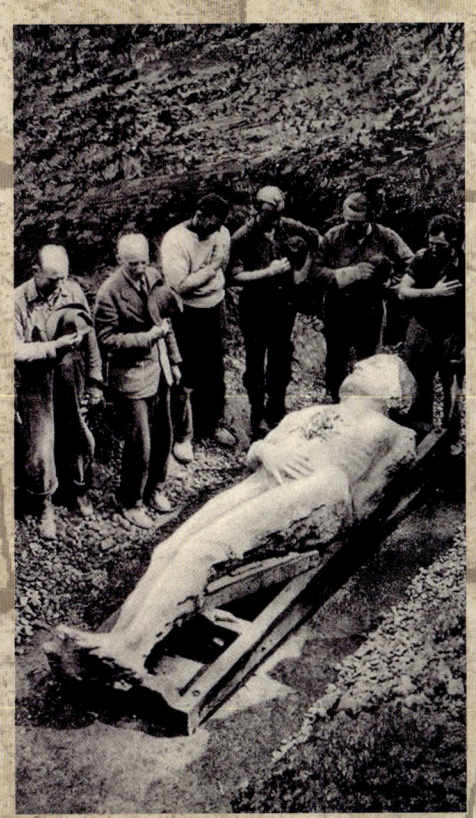

성서의 거인 전설에 착안하여 꾸민 장난으로 피부 모공은 하나하나 바늘로 뚫어 만들었다고 한다. 화석은 생물의 뼈나 껍질 등 단단한 부분이 광물로 치환된 것으로, 이처럼 인간의 모습이 그대로 화석으로 남는 일은 없다.

◀ 카디프의 거인

[장소] 미국
[연대] 미상
충격 정도 ★★★☆☆
미스터리 정도 ★★★★★
문명 수준 정도 ★☆☆☆☆

FILE 012
ANCIENT MONSTERS

인류와는 동떨어진 기묘한 모습
타실리나제르의 거인

[장소] 알제리
[연대] 미상
충격 정도 ★★★☆☆
미스터리 정도 ★★★☆☆
문명 수준 정도 ★★☆☆☆

White Giant
▲ 타실리나제르에 있는 '하얀 거인'으로 불리는 수수께끼의 암벽화

아프리카 알제리 남동부의 사하라 사막에 있는 '타실리나제르(TassilinAjjer)' 대지에는 8,000년 전에 만든 것으로 보이는 수천 개의 암벽화가 있다. 흰색과 적갈색 등 풍부한 색조로 사냥이나 방목 풍경을 그렸다.

암벽화에는 지금의 사막에서는 볼 수 없는 습도가 높은 토지에 사는 동물이나 이미 멸종된 생물 등이 그려져 있다고 한다. 암벽화가 그려졌을 무렵 사하라 사막은 풀이 무성하게 자라고 물도 풍부했던 모양이다. 그중에서 눈에 띄는 것이 높이 약 3m에 이르는 '하얀 거인'이라 불리는 암벽화다. 머리에 여섯 개의 뿔이 나 있고 양팔에 기묘한 돌기가 있는 그 생물은 인류나 지구의 그 어떤 생물과도 거리가 먼 모습을 하고 있다. 이 밖에도 머리 부분에 안테나 모양의 돌기가 있고 하늘을 나는 인물의 암벽화도 있다. 당시 사람들은 도대체 무엇을 보고 이러한 괴물을 그렸던 것일까? 암벽화를 본 러시아의 과학 평론가 알렉산드르 카잔체프(Aleksandr Kazantsev)는 하얀 거인을 우주인이라고 생각했을 정도다. 이들 암벽화의 정체는 여전히 미스터리다. 또한, 이 일대가 사막화한 것은 아주 오래전 일어난 핵전쟁 탓이라는 설도 있다. 하얀 거인은 과거 그것을 조사하기 위해 찾아왔던 우주인이라고 생각하는 사람도 있다.

▲하늘을 나는 수수께끼의 인물을 그린 암벽화 ▲암석 사막이 펼쳐진 타실리나제르

FILE 018

고글을 낀 우주복 차림의 수수께끼의 인물
차광기 토우

아오모리 현 쓰가루 시의 가메가오카에서 높이 37cm의 불가사의한 조몬 시대 토우(흙으로 만든 인형)가 출토되었다. 특징은 가로줄이 들어간 커다란 눈, 둥글둥글하면서 기계적인 느낌으로 디자인된 옷이다. 그 후에도 얼마간의 차이는 있지만,

▲ 알렉산드르 카찬체프

마찬가지로 커다란 눈과 둥글둥글한 느낌의 옷을 입은 토우가 동북 지방을 중심으로 잇달아 발견되었다. 제작 연대는 모두 3,000년 정도 전인 조몬 시대로 추정된다. 북방 민족인 이누이트는 빙설에 반사되는 태양 빛으로부터 눈을 보호하기 위해 '차광기'라고 불리는 고글을 착용하는데, 토우의 눈이 바로 차광기와 비슷하다고 해서 '차광기 토우'라는 이름이 붙게 되었다.

그렇다면 그 모습은 무엇을 나타낸 것일까?

여성을 나타낸 것이라는 설이 일반적이지만, 러시아의 과학 평론가 알렉산드르 카찬체프는 '고대의 우주 비행사'라고 생각했다. 지구를 방문한 우주인이 우주복을 입고 헬멧을 쓴 모습으로, 머리 꼭대기의 돌기는 안테나라고 한다. 또한, 이 우주인이 빛을 차단하는 안경을 쓰고 있는 것으로 보아 태양 빛이 약해서 어둑어둑한 행성에서 찾아왔을 것이라고 말한다.

[장소] 일본 아오모리 현
[연대] 약 3,000년 전
충격 정도 ★★★★★
미스터리 정도 ★★★★☆
문명 수준 정도 ★★★☆☆

Shakoki-Dogu
▲ 조몬 시대를 대표하는 차광기 토우의 하나. 괴이한 눈 부분은 눈을 강조해서 표현한 것으로 보인다.

제2장 초고대 문명의 괴물들

일곱 개의 태양은 UFO일까?
치부산 고분의 우주인

구마모토 현 야마가 시의 치부산 고분은 6세기 초에 만들어진 총 길이 약 45m의 전방후원분(前方後圓墳, 위에서 볼 때 앞의 반은 사각형, 뒤쪽 반은 둥근 모양인 무덤)으로 내부 석실에는 기묘한 벽화가 있다. 그것은 머리에 세 개의 뿔과 같은 것이 달린 인물의 그림이나. 세나가 머리 위에는 일곱 개의 원이 떠 있으며 인물이 그것을 숭배하는 자세를 취하고 있다. 고고학자의 이야기로는 인물은 관을 쓰고 있는 고대인이고 일곱 개의 원은 태양을 나타낸다고 한다. 그런데 원은 지구를 찾아 날아온 UFO이고 인물은 우주인이라는 설도 있다. 그렇게 생각하면 머리의 뿔은 헬멧에 달린 안테나처럼 보이기도 한다. 고대 일본에는 우주인이 찾아왔던 것일까?

[장소] 일본 구마모토 현
[연대] 6세기
충격 정도 ★★★☆☆
미스터리 정도 ★★☆☆☆
문명 수준 정도 ★☆☆☆☆

▶치부산 고분 내의 벽화. 인물 위에 7개의 원이 떠 있다.

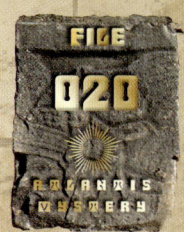

벽화에 그려진 괴물의 정체는?

후곳페 동굴의 날개 달린 사람

후 곳페 동굴은 홋카이도 서부 요이치초(余市町)에 있는 2,000년 전의 유적이다. 그 내부에는 200점 이상이나 되는 선으로 새겨진 그림이 있다. 그림 대부분은 배나 물고기 등 당시의 사냥 모습을 보여주는 것이다. 그런데 그중에 새처럼 날개가 있거나 머리에 뿔이 나 있는 기묘한 그림이 있다. 이들은 '날개 달린 사람' 또는 '뿔 달린 사람'이라고 불리는 괴물로 양쪽 모두 100체 가깝게 새겨져 있었다. 그 정체는 당시의 주술사가 동물로 위장한 모습으로 여겨지고 있다.

그런데 그 그림들이 실제로 존재했던 괴물을 새긴 것이라면 날개는 작은 비행 장치이고 뿔은 안테나로 지구를 찾아온 우주인이 아니었겠느냐는 설도 있다.

제2장 초고대 문명의 괴물들

[장소] 일본 홋카이도
[연대] 약 2,000년 전
충격 정도 ★★★★
미스터리 정도 ★★
문명 수준 정도 ★

◀후곳페 동굴 벽에 새겨진 날개 달린 사람

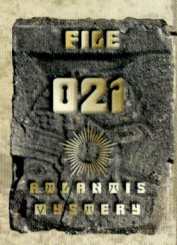

인류와는 다른 DNA를 지녔다!
페루의 우주인

페루 동부 산악 지대에서 2체의 기묘한 미라가 발견된 것은 2011년의 일이다. 키는 1m 정도로 약 500년 전의 것으로 보였다. 그런데 이 미라는 놀랄 정도로 거대한 두개골을 지니고 있었다.

두개골 치수는 키의 거의 절반에 이르렀다. 현지에서 조사한 러시아와 스페인의 인류학자들은 이러한 머리 크기와 키의 비정상적인 비율을 인류에게서는 찾아 볼 수 없다고 한다. 사실 그 후의 DNA 조사에서도 지구의 생명체와는 다른 것이라는 결론이 나왔다. 미라의 정체는 우주에서 찾아온 다른 행성의 생명체일지도 모른다.

[장소] 페루
[연대] 500년 전
충격 정도 ★★★☆☆
미스터리 정도 ★★★★☆
문명 수준 정도 ★★☆☆☆

▶ 거대한 두개골을 지닌 페루의 미라

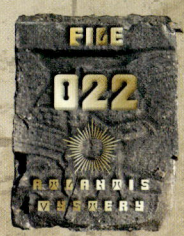

FILE 022

엘 바울 유적에 남아 있는 수수께끼의 돋을새김

불을 뿜는 괴물

중 앙아메리카 과테말라 엘 바울(El Baul) 유적에는 불가사의한 돋을새김의 돌비가 남아 있다. 거기 새겨진 것은 그야말로 불을 뿜는 괴물의 모습이다! 괴물은 어깨까지 뒤덮는 헬멧을 쓰고 있고, 헬멧 뒷부분에서 빠져나온 튜브가 등 부분의 장치와 연결된 것처럼 보인다. 게다가 입에서는 불꽃과 같은 것이 뿜어져 나오고 있다. 전문가의 말을 따르면 이것은 마야 인이 공놀이하는 모습을 그린 것으로, 인물이 뒤집어쓴 것은 원숭이나 주머니쥐의 가죽이며, 입에서 뿜어져 나오는 것은 불이 아닌 물이라고 한다. 하지만 마야 인이 우주인을 목격하기라도 했다면 그를 신으로 숭배해서 이런 그림을 새겼다고 생각하는 사람도 있다.

[장소] 과테말라
[연대] 400년경
충격 정도 ★★★★☆
미스터리 정도 ★★☆☆☆
문명 수준 정도 ★★★☆☆

◀ 엘 바울 유적의
'불을 뿜는 괴물'의 돋을새김

칼럼|과연 그렇구나! **초고대 문명학 ❷**

인류와 공룡은 공존했을까?

👉 공룡은 언제 멸종했을까?

공룡은 멸종했다. 그런데 만일 인류의 선조가 공룡을 알았다면 그것은 시대를 벗어난 유물, 즉 '오파츠'라는 얘기가 된다.

그럼 공룡은 언제 어떻게 멸종한 것일까?

지구에서 공룡이 모습을 감춘 것은 중생대 백악기 말기인 약 6,600만 년 전이다. 그 원인은 소행성(거대 운석)이 멕시코 유카탄 반도에 떨어졌기 때문으로 여겨지고 있다. 소행성의 크기는 지름 10~15km로 추정되므로 지구에 미친 영향은 매우 컸을 것이다. 소행성과의 충돌로 하늘 위로 날아오른 먼지와 티끌이 태양 빛을 차단하면서 하늘은 두꺼운 구름에 뒤덮였고 그로 인해 여러 날 동안 산성비가 내렸다. 식물이 말라비틀어지면서 가장 먼저 초식 공룡이 멸종했고 마침내 생태계의 정점에 군림했던 육식 공룡도 멸종했다. 소형 포유류나 공룡에서 진화하여 하늘을 날게 된 새의 선조는 간신히 살아남을 수 있었지만, 사실상 모든 공룡이 모습을 감추고 말았다.

🦖 수수께끼의 공룡 오파츠

그런데 공룡이 멸종되지 않았을지도 모른다고 생각하게 하는 몇 가지가 발견되었다. 인류가 공룡과 공존했을 가능성을 보여주는 오파츠다. 예를 들면 멕시코의 아캄바로(Acambaro)에서는 공룡을 본떠 유약을 바르지 않고 구워 낸 몇 만 점의 토우가 발견되었는데, 그 모습은 아무리 봐도 티라노사우루스나 플레시오사우루스다. 발견된 토우 중에는 인간이 공룡 등에 올라탄 모습까지 있었다. 이러한 '공룡 토우'의 제작 연대는 방사성 탄소에 의한 연대 측정 결과, 기원전 2500년경으로 추정되고 있다. 4,500년 전의 사람들이 어떻게 멸종한 공룡의 모습을 알았을까?

또한, 페루 나스카 근처의 '이카'라고 불리는 장소에서 대량으로 출토된 '이카의 돌'에도 공룡의 모습이 새겨져 있다. 이 돌의 제작 연대는 놀랍게도 1억 2,000만 년

▶(위) 페루에서 발견된 이카의 돌.
(아래) 아캄바로에서 발굴된 공룡 토우

전이다. 사람을 공격하는 티라노사우루스나 양치식물 잎을 먹는 브라키오사우루스, 공룡 등에 올라타고 있는 인간, 무기로 공룡을 덮치는 인간 등이 정밀하게 그려져 있다. 모두 고대인이 상상으로 그렸다고는 도저히 생각할 수 없는 사실적인 것뿐이다.

이에 대해서는 두 가지 가능성을 생각할 수 있다.

그 진위가 불명확하다고 해도 하나는 제작자가 살아 있는 공룡을 목격했다는 것이고, 또 하나는 인류의 선조가 공룡 시대에 살았으며 그 기억이 후세에 전해졌다는 것으로, 아무튼 인류와 공룡이 공존했다는 것을 시사한다.

☞ 공룡 시대의 지층에 남아 있는 인류의 발자국

한편 공룡 발굴 현장에서도 인류와 공룡의 공존을 나타내는 증거가 보고되었다. 미국 텍사스 주 글렌 로즈(Glen Rose)의 팔룩시 강은 공룡 화석 산지로 유명하다. 그 강바닥에서 공룡 이외에 있어서는 안 되는 화석이 발견되었다.

◀미국 팔룩시 강(Paluxy River)에는 공룡과 인간의 발자국이 교차하고 있는 화석이 남아 있다.

1억 4,000만~1억 1,000만 년 전에 형성된 백악기 석회암 지층에 인간의 것으로 추정되는 발자국 화석이 남아 있었던 것이다. 게다가 발견된 것은 하나뿐이 아니다. 지금까지 확인된 것만 해도 자그마치 80개 이상! 그중에는 소형 공룡과 인간의 발자국이 교차하는 것도 있었고 인간의 발자국이 앞에 찍히고 그 뒤에 공룡 발자국이 찍힌 것 같은 형태도 있었다. 물론 고생물학자는 이를 인정하지 않는다. 공룡과 인류가 공존했었다면 진화론이 틀렸다는 말이 되기 때문이다.

☞ 인류의 역사는 다시 쓰여진다?

공룡 시대보다 더 오래된 지층에 남겨진 인류의 발자국도 있다. 미국 유타 주 앤텔로프 스프링(Antelope Springs)에서는 고생대 캄브리아기(5억 4,200만~2억 4,000만 년 전) 지층에서 '신발을 신은 발자국' 화석이 발견되었다. 이것이 자연의 장난이 아니라는 증거로 발끝과 뒤꿈치 바닥에 삼엽충이 짓이겨진 채 붙어 있는 상태로 화석이 되어 있었다. 또한, 미국 텍사스 주 글렌 로즈 교외에 있는 1억 년 이상 전 지층에서 인간의 손 모양 화석이 발굴되었다. 마찬가지로 글렌 로즈 근교의 백악기

▲ 백악기 지층에서 발견된 인간의 손 모양 화석

▶ 인간의 발자국 위에 공룡 발자국이 찍힌 화석

지층에서는 놀랍게도 손가락 모양을 한 화석이 발견되었다. X선으로 촬영해 보았더니 화석 안에 뼈 같은 것까지 보였다고 한다.

인류의 선조가 탄생한 것은 약 700만 년 전으로 추정되고 있다. 이것은 뒤집을 수 없는 진실이다. 공룡 오파츠에 대해서는 진화론을 인정하고 싶어 하지 않는 사람들이 날조한 인공물이라고 주장하기도 한다. 물론 공룡 오파츠가 진짜라면 인류의 역사뿐 아니라 생물의 역사 그 자체가 대대적으로 재검토되어야 한다. 아니면 이와 같은 '지식'이나 '증거'를 남긴 짓이 미래에서 찾아온 시간 여행자나 우주인이었던 것일까? 또한, 현대에도 공룡이 은밀히 살아남아 있을 가능성도 있다. 그리하여 미지의 동물(UMA)로서 지금도 우리가 모르는 곳에서 인류와 공존하고 있을지도 모른다.

◀ 내부에 뼈가 들어가 있는 인간의 손가락 화석

◀ 작은 삼엽충을 짓밟은 인간의 신발 모양을 한 화석

초문명 오파츠
(기술편)

제3장

고대에는 있을 리 없는
고도의 기술을 간직한 수수께끼의 유물들…….
도대체 누가 만들었을까?

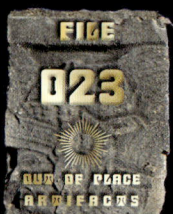

FILE 023
OUT OF PLACE ARTIFACTS

천체의 운행을 예측하는 고대의 컴퓨터

안티키테라의 기계

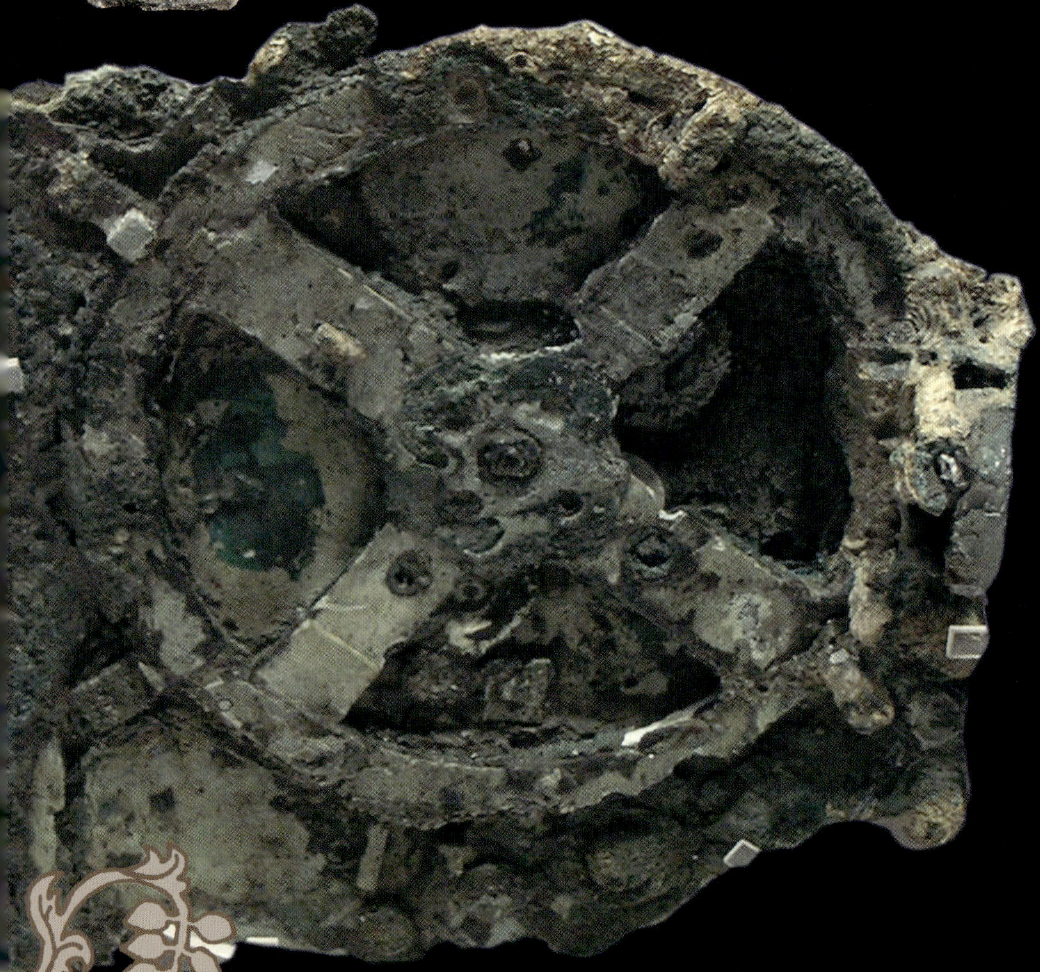

[장소] 그리스
[연대] 기원전 80년경
충격 정도 ★★★★★
미스터리 정도 ★★★★★
문명 수준 정도 ★★★★★

Antikythera Mechanism

▲복잡한 톱니를 갖춘 안티키테라의 기계

❶ 수수께끼의 유물은 천문 관측기였다!

세계 곳곳의 오파츠(시대를 벗어난 유물) 가운데 가장 수준 높은 기술이 사용되었으며, '인류 역사상 가장 오래된 컴퓨터'라고 불리는 것이 바로 이 톱니 방식 기계이다. 1900년경 거센 폭풍에 휩싸이게 된 그리스의 어부들이 고기잡이를 포기하고 인근 안티키테라 섬에 정박한다. 이 일대는 평소 잘 찾지 않는 어장이라 다음날 어부들은 시험 삼아 바다 밑을 탐색하게 된다. 그렇게 해서 발견된 것이 바다 밑에 가라앉은 고대 로마의 배였다. 그리고 그 배 안에서 아름다운 청동상과 더불어 '안티키테라의 기계'가 발견되었다.

기계는 청동제로 바닷물에 의해 부식이 진행되어 자잘하게 부서져 있었다. 그 부스러진 조각 중 가장 큰 덩어리의 크기는 세로 17cm, 가로 15cm였다. 표면에는 톱니가 드러나 있었고 다른 덩어리에는 고대 그리스의 문자가 빼곡히 새겨져 있었다.

제3장 초문명 오파츠 (기술편)

◀침몰선에서 발견된 세 개의 기계에는 톱니 이외에 다이얼과 문자도 보인다.

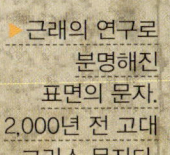
▶근래의 연구로 분명해진 표면의 문자. 2,000년 전 고대 그리스 문자다.

이에 관심을 보인 아테네 국립 고고학 박물관에서 방사성 탄소 측정을 실행한 결과 '기계'가 만들어진 시기는 대략 2,000년 전인 기원전 1세기임이 밝혀졌다. 그 후 이 기계를 해명하는 데 푹 빠지게 된 사람이 당시 영국 케임브리지 대학에서 과학사를 연구하던 데렉 드 솔라 프라이스(Derek J. de Solla Price) 박사다. 톱니 기구에 주목한 박사는 연구를 거듭한 끝에 이 기계는 태양이나 달의 운행을 예측하는 천문 관측기라는 결론을 이끌어 냈다. 게다가 놀라운 점은 달의 차고 기욺을 계산하기 위해 이 기구에 '차동 톱니'가 사용되었다는 사실이다. 차동 톱니는 회전수가 다른 두 개의 톱니를 조합하여 새로운 회전을 창출하는 구조로, 현재는 자동차 등에 쓰인다. 그런데 차동 톱니는 16세기 독일에서 발명되었다. 1,500년이나 되는 세월 동안 이 미래의 기술이 묻혀 있었던 셈이다.

◀「안티키테라의 기계」를 재현한 데렉 드 솔라 프라이스

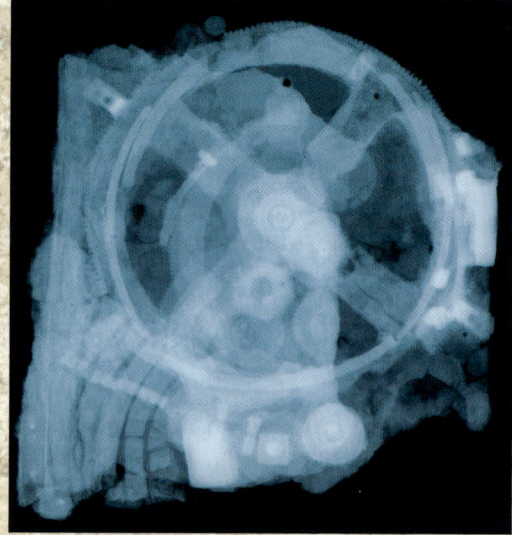

▶X선 촬영한 기계 내부. 크고 작은 다양한 톱니가 맞물려 있다.

❷ 최신 조사에서 밝혀진 진실

그 후 2005년부터 아테네 대학 등의 공동 팀이 기계 분석을 시작했다. 최신 이미지 스캐너를 사용해 내부 구조는 물론 1만 5,000자나 되는 글자 역시 판독할 수 있었다. 그 결과 컴퓨터라고 해도 과언이 아닌 매우 정밀한 기능을 갖추었음을 알았다. 기계 뒤쪽으로는 달의 궤도를 쫓고 표면에서는 태양, 달, 5개 행성의 운행을 재현했다. 그렇다면 도대체 누가 기계를 만들었을까? 현재 기계의 고안자는 고대 그리스의 수학자 아르키메데스라는 설이 유력하다. 수수께끼는 또 있다. 이토록 수준 높은 기계가 발명되었음에도 불구하고 어째서 이 기계와 같은 것이나 그 기초가 되는 기계가 발견되지 않았을까 하는 점이다. 만일 아틀란티스와 같은 초문명이 실제로 존재했다면 거기서 개발된 천문 관측기가 후세의 그리스에 흘러들어 갔다고 생각할 수도 있다. 작가 아서 클라크(Arthur C. Clarke)는 다음과 같이 말한다.

"고대 그리스 인이 안티키테라 기계의 지식을 한층 발전시켰다면 지금쯤 우리는 가까운 별에 도달했을 것이다."

▶ 2005년부터 이루어진 조사 결과에 기초한 기계(표면)를 재현한 삽화. 천체의 운행을 예측할 수 있다.

초고대 문명의 수수께끼를 간직하고 있다?

수정 해골

1 말이 안 될 정도로 정교한 해골

수정 해골은 인간의 해골(두개골)과 비슷하게 만들어진 신비한 수정 가공물이다. 북아메리카 원주민의 전설을 따르면 세계에는 태고의 지구에서 전해져 온 13개의 수정 해골이 있으며, 그것들이 한곳에 모였을 때 초고대 문명의 모든 것이 분명하게 밝혀진다고 한다. 그중 하나로 보이는 것이 1927년에

▲ 루바안탄 유적을 탐험하는 미첼 헤지스(오른쪽)

영국인 탐험가 프레더릭 앨버트 미첼 헤지스(Frederick Albert Mitchell-Hedges)가 벨리즈에 있는 고대 마야 유적 루바안탄(Lubaantum)에서 발굴했다고 주장하는 통칭 '헤지스 스컬(헤지스의 해골)'이다. 헤지스 스컬은 거의 완벽하게 인간의 두개골을 재현한 것으로 아래턱이 분리된다. 해부학적으로 볼 때 마야 여성의 것으로 여겨지고 있다. 게다가 독특한 프리즘 구조를 지니며 밑에서 빛을 대면 눈 부분이 빛을 발한다고도 한다.

이런 해골을 언제 누가 만들었을까? 수정을 가공하는 건 매우 어려우므로 결정의 성질을 이해하지 못하면 충격으로 깨지고 마는 일이 종종 있다. 2007년에 미국 스미소니언

[장소] 미상 (여러 지역)
[연대] 미상
충격 정도 ★★★★★
미스터리 정도 ★★★★★
문명 수준 정도 ★★★★★

Crystal Skull

▼고대 멕시코의 것으로 추측했던 영국의 수정 해골은
최근 조사로 19세기 이후에 만들어졌을
가능성이 높아졌다.

제3장 초문명 오파츠 (기술편)

박물관의 제인 월쉬 박사가 헤지스 스컬을 조사한 결과, 다이아몬드 연마제와 기계를 사용해 만들어졌다는 사실을 알아냈다. 이로써 제작 연대는 19세기 이후라는 의견이 일반적인데, 태고에 기계로 만들어졌을 것으로 생각하는 사람도 있다. 여하튼 고대 마야 인의 기술로는 이토록 정교한 가공품을 만들어 내지 못했을 것이다. 그래서 헤지스 스컬이 초고대 문명의 유물이라는 주장이 끊이지 않는 것이다.

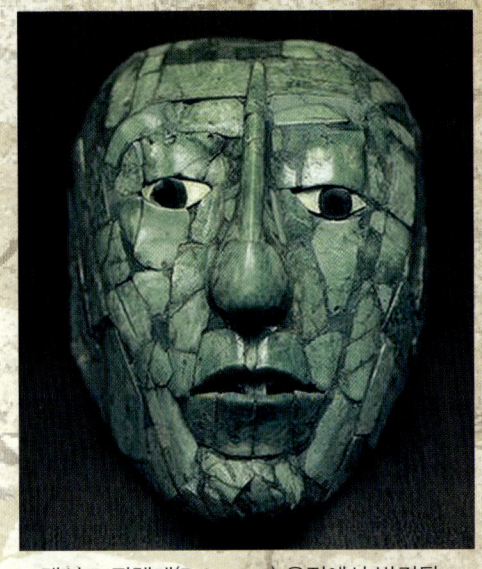

▲ 멕시코 팔렌케(Palenque) 유적에서 발견된 비취 가면. 고대 마야에서는 수정이 아니라 비취를 귀중히 여겼으며 왕의 장식품 등에 이용되었다.

❷ 수정 해골은 세계 곳곳에 있다!

헤지스 스컬 이외에도 세계 곳곳에서 많은 수정 해골이 발견되었다. 단, 그 어느 것도 헤지스 스컬만큼 정교하지 않다.
이들에 대해서도 많은 과학자가 고대 유물인지 아니면 근년에 만들어진 공예품인지 조사를 거듭하고 있다.
그 결과 영국 대영박물관에 있는 수정 해골(브리티시 스컬, British Skull)은 고대 멕시코의 것으로 여겨졌었는데, 브라질이나 마다가스카르산 수정으로 19세기 이후에 만들어졌을 가능성이 있다고 보고 있다.
스미소니언 박물관의 수정 해골(저주의 스컬)은 전자 현미경 등의 분석으로 연마제가 사용되었다는 사실이 밝혀졌으며, 프랑스 케브랑리 미술관의 수정 해골은 브라질산 수정으로 '저주의 스컬'과 마찬가지로 제작 연대가

19세기 이후로 추정된다. 그렇다면 진짜 수정 해골은 존재할까? 또한, 미첼 헤지스의 발견이 그가 지어낸 이야기라고 쳐도 북아메리카 원주민에게 전해지는 전설은 어떻게 생각하면 좋을까?

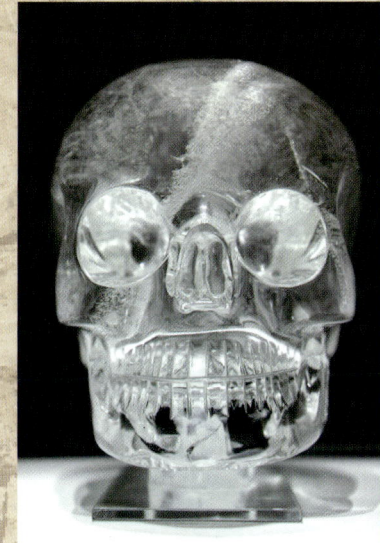
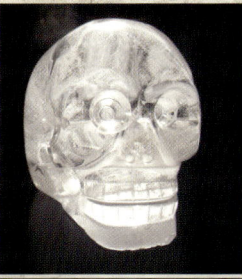

▲ 브리티시 스컬(왼쪽), 프랑스의 수정 해골(오른쪽 위), '저주의 스컬'(오른쪽 아래) 모두 근현대에 제작되었다.

"13개의 수정 해골이 한곳에 모였을 때 초고대 문명의 모든 것이 밝혀진다……"

그에 대한 해답은 아직까지는 수수께끼이다. 수정은 석영의 아름다운 결정으로 예로부터 신비한 힘이 깃든 파워 스톤으로 여겨져 왔다. 마술사가 수정 구슬로 미래를 볼 수 있다는 이야기를 들어 본 적이 있을 것이다. 수정 해골 중에는 신비한 능력을 지닌 사람의 부름에 대답하는 것이 있다고 한다. 그 기능에는 아직 인류가 모르는 비밀이 숨겨져 있을지도 모르겠다.

▲ 진짜 수정 해골은 세계에 13개 있으며, 모두 신비한 힘을 숨기고 있다고 한다.

제3장 초문명 오파츠 (기술편)

중심에 움푹 파인 홈은 인공적으로 만든 것일까?
남아프리카의 금속 공

남아프리카의 클럭스도르프(Klerksdorp) 박물관에는 중심부에 홈이 파인 불가사의한 공이 전시되어 있다. 남아프리카 북서부 광산에서 엽납석이라고 하는 광석 안에서 발견된 것이다. 이 공은 여러 개 발견되었으며 그 내부분은 중심에 홈이 있고, 안이 비어 있는 것과 유리 재질의 섬유가 채워져 있는 것 등이 있다. 이 홈이 자연적으로 생긴 것이 아니라 인공적으로 만들어진 것이라면 도대체 누가 파 놓았을까? 게다가 구슬이 출토된 광맥은 약 30억 년 전의 것이다. 박물관 전 관장의 이야기로는 기묘하게도 유리 진열장 안에 전시된 구슬은 1년에 1~2회 시계 방향으로 회전하는 경우가 있다고 한다.

[장소] 남아프리카
[연대] 약 30억 년 전
충격 정도 ★★★★
미스터리 정도 ★★★★
문명 수준 정도 ★★★★

MEMO
연구자의 분석 결과, 금속 공의 성분은 적철광과 규회석 등으로 판명되었다. 즉 '금속 공'이 아니라 암석의 일종이다. 수수께끼는 홈이 만들어진 모양에 있다.

▲남아프리카 광산에서 발견된 수수께끼의 금속 공들
이 중에는 중앙에 깔끔한 홈이 있는 것도 있다.

오록스를 누가 쏘았나?
탄흔이 남아 있는 머리뼈

제3장 초문명 오파츠 (기술편)

러시아 과학 아카데미 고생물 박물관에는 소의 선조인 17세기에 멸종된 오록스(Aurocks)의 머리뼈가 보관되어 있다. 이것은 수도 모스크바와 가까운 레나 주 부근에서 발견된 것으로, 연대는 약 4,000년 전의 것으로 추정된다.

이 머리뼈의 이마 주위에는 방사상의 균열 등이 전혀 없고 작은 구멍이 뚫려 있다. 이것은 총으로 쏘았을 것으로 보이는 탄환이 수평에 가까운 탄도를 그리며 오록스의 머리를 명중시킨 것을 의미한다. 수천 년 전의 인류가 총을 가지고 있었을 리 없다. 오록스를 쏜 범인은 지구를 찾아온 우주인이었을까?

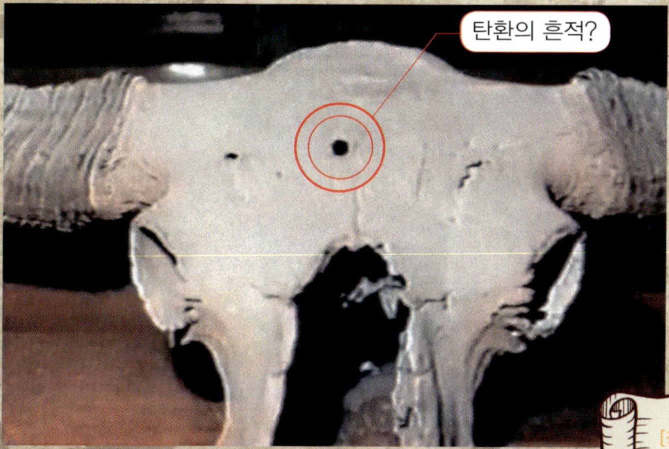

탄환의 흔적?

◀오록스의 머리뼈에는 탄환이 관통한 것 같은 흔적이 있다.

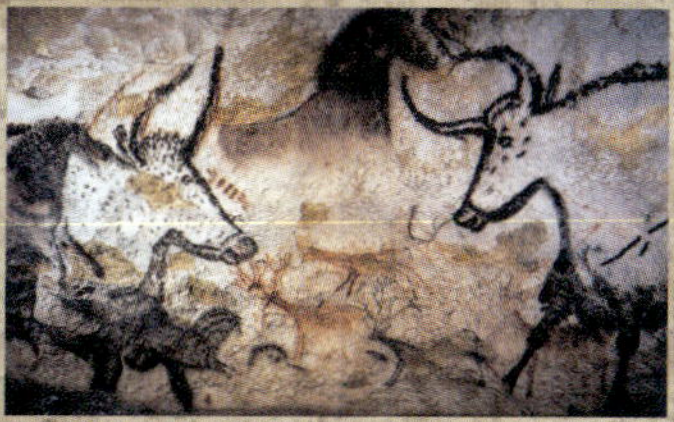

◀1만 5,000년 전의 벽화가 남아 있는 프랑스의 라스코 동굴에도 오록스의 모습이 그려져 있다.

[장소] 러시아
[연대] 약 4,000년 전
충격 정도 ★★★★★
미스터리 정도 ★★★★★
문명 수준 정도 ★★★★★

고대인은 전기를 사용했을까?
바그다드의 전지

전지는 1800년 볼타가 최초로 발명했다. 그런데 그런 상식을 뒤엎는 기묘한 항아리가 이라크 바그다드 근처에서 발견되었다. 항아리는 3~7세기경에 만들어진 것으로, 높이가 약 13cm이며 도기로 이루어져 있다. 항아리 안에는 구리로 된 통과 그 통 안에 철로 된 봉이 들어 있었다. 1939년 미국의 전기 기술자가 거의 같은 구조로 재현 실험을 실행한 결과, 놀랍게도 전기가 발생했다. 하지만 실제로 전지로 사용되었다는 증거는 발견되지 않았다. 만일 이것이 전지라면 이 발명은 1,000년 가까이 묻혀 있었다는 얘기가 된다!

[장소] 이라크
[연대] 224~640년
충격 정도 ★★★★
미스터리 정도 ★★★★
문명 수준 정도 ★★★★★

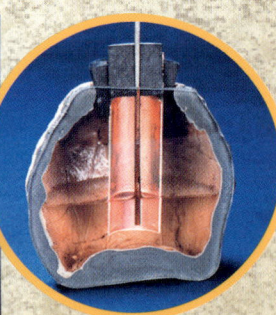

▲항아리 모양의 물건을 전지(電池)였을 것으로 생각해서 재현한 모형. 그렇다면 무슨 목적으로 전지가 사용되었을까?

▲발굴된 항아리와 그 내용물을 꺼내 놓은 것. 가운데가 구리이고 오른쪽이 철이다.

20세기의 기술이 사용되었다!
일렉트론 수사슴 조각상

터키 중앙부에 있는 알라카회위크(Alacahöyük) 유적은 대략 4,000년 전부터 히타이트 제국이 번성했던 도시의 하나. 그 유적에서 높이가 약 20cm나 되는 수사슴 조각상이 발견되었다. 놀랍게도 수사슴상의 머리 부분은 은색 '일렉트론'으로 도금되어 있었다! 일렉트론은 1909년에 독일의 일렉트론사가 개발한 합금의 일종이다. 마그네슘에 알루미늄 또는 아연 등을 첨가한 것으로 가볍고 튼튼하다는 점에서 항공기 등의 기계 부품에 이용된다. 그런 합금 기술이 어떻게 고대 히타이트에 있었을까? 히타이트는 고도의 제철 기술을 지니고 있었지만 아무래도 현대에 버금가는 금속 가공 기술도 알고 있었던 모양이다.

제3장 초문명 오파츠 (기술편)

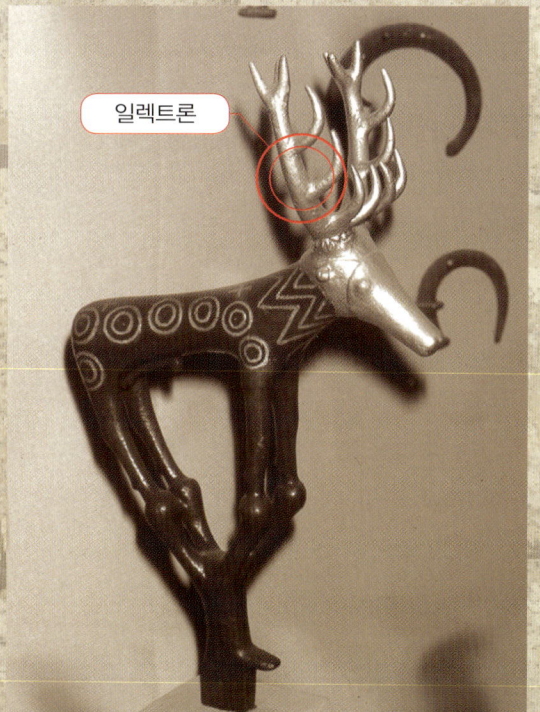

일렉트론

▲ 머리 부분이 일렉트론으로 가공된 청동상

[장소] 터키
[연대] 4,000년 전
충격 정도 ★★★☆☆
미스터리 정도 ★★★☆☆
문명 수준 정도 ★★★★★

FILE 029 OUT OF PLACE ARTIFACTS

비밀은 환상의 다마스크 강철에 있다?
인도의 녹슬지 않는 철 기둥

인도 델리 교외에 약 1,600년이나 되는 세월 동안 비바람에 노출되었으면서도 '녹슬지 않는 철 기둥'으로 유명한 기념비가 있다. '아소카(Asoka) 왕의 기둥'이라고도 불리는 이 철 기둥은 세계 문화유산으로 지정된 꾸뜹미나르(Qutub Minar) 건조물 군 안에 세워져 있다. 철

▲ 꾸뜹미나르(Qutub Minar)의 건조물

기둥은 묻혀 있는 부분을 포함해서 높이 9m, 지름 44cm, 무게 6톤이다. 표면에는 여섯 줄의 비문이 인도의 오래된 말로 새겨져 있다. 거기에는 이 기둥이 400년경에 인도를 다스렸던 찬드라굽타 2세를 기념하여 건조되었다는 기록이 있다. 철은 녹슬기 쉬운 금속으로 보통 50년쯤 지나면 엉망이 된다. 그런데 이 철 기둥은 세워진 당시의 모습을 여전히 유지하고 있다. 그 이유로는 탄소가 비교적 많이 포함된 강철의 일종인 '다마스크 강철'이 사용되었을 것으로 추측되는데, 10세기경에 이미 개발되어 다마스크 칼 등을 만드는 데 쓰였다. 그런데 18세기에 원재료인 철광석을 채굴하지 못하면서 그 기술도 끝내는 사라지고 말았다. 이 다마스크 강철은 지금도 정확한 복원이 어렵다고 한다. 그야말로 대표적인 오파츠라고 할 수 있다.

[장소] 인도
[연대] 400년경
충격 정도 ★★★★★
미스터리 정도 ★★☆☆☆
문명 수준 정도 ★★★★★

Iron Pillar in the Qutub Minar

▼ 꾸뜹미나루는 이슬람교와 힌두교의 건조물이 모여 형성되었다. 그 중심에 세워진 것이 이 녹슬지 않는 철 기둥이다.

제3장 초문명 오파츠 (기술편)

FILE 030 OUT OF PLACE ARTIFACTS

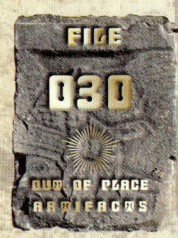

2,000년 전 수준 높은 의료의 증거일까?

페루의 뇌 외과 수술

잉카 문명이 번성했던 12~16세기의 페루에서는 뇌 외과 수술이 시행되었다. 그 무렵의 페루에서는 전쟁 시에 석기로 머리를 얻어맞아 뇌내출혈을 일으키는 일이 많았고, 그 뇌 안에 고인 피를 빼내기 위해 놀랍게도 두개골에 구멍을 뚫는 수술이 시행되었다. 페루에서는 2,000년 전부터 두개골 수술이 이루어져 왔다고 한다. 수술 후에 환자가 사망하는 경우는 별로 없었으며, 머리에 구멍을 뚫는 기술 이외에 마취나 위생 관련 지식 등 당시부터 상당히 높은 수준의 지식이 있었음을 알 수 있다. 또한, 고대의 뇌 외과 수술은 중국이나 서아시아의 아르메니아에서도 시행되었던 것으로 여겨지고 있다.

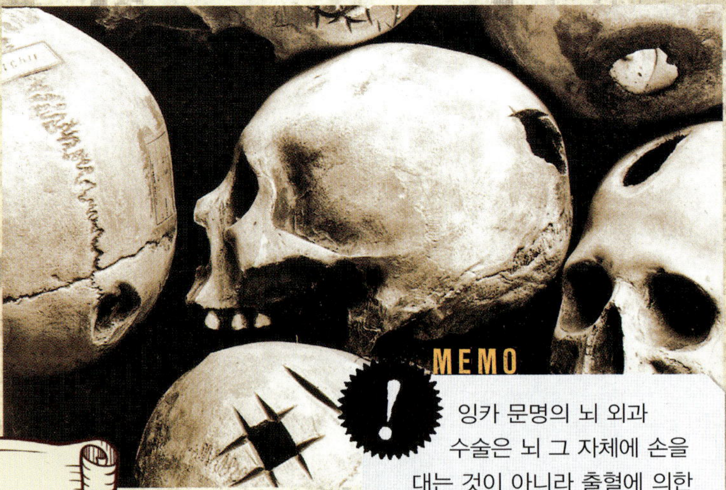

▶고대 잉카에서 뇌 외과 수술이 이루어졌었음을 보여주는 두개골은 페루에서 수없이 많이 발굴되었다(사진은 그 석고 모형).

[장소] 페루
[연대] 2,000년 전
충격 정도 ★★☆☆☆
미스터리 정도 ★☆☆☆☆
문명 수준 정도 ★★☆☆☆

MEMO

잉카 문명의 뇌 외과 수술은 뇌 그 자체에 손을 대는 것이 아니라 출혈에 의한 뇌의 압박을 막기 위해 이루어진 단순한 수술이다. 그래서 고도의 의료 기술이었다고 생각하지 않는 사람도 있다.

1억 4,000만 년 전에 만들어졌다?
공룡 시대 망치

1 934년 미국 텍사스 주 킴블(Kimble)에서 나무토막이 튀어나와 있는 바위 덩어리가 발견되었다.

바위를 깼더니 놀랍게도 그 속에 금속제 망치가 들어 있었다! 금속 부분의 지름은 2.5cm로 손잡이를 포함하면 길이가 약 15cm였고, 금속은 순도 96.6%의 철이었다. 더욱이 놀라운 점은 망치가 묻혀 있었던 지층이 약 1억 4,000만 년 전인 중생대 백악기의 것이었다는 사실이다. 백악기는 공룡은 서식했지만 인류는 발생하기 전의 시대다. 그 증거로 망치의 목제 손잡이 부분이 화석이 되어 있었다고 한다. 망치의 주인은 도대체 누구였을까?

제3장 초문명 오파츠 (기술편)

◀ 망치 손잡이는 목제였지만 화석화된 상태였다.

화석이 된 손잡이

◀ X선 사진으로도 진짜 망치임을 알 수 있다.

[장소] 미국
[연대] 1억 4,000만 년 전
충격 정도 ★★★★★
미스터리 정도 ★★★★★
문명 수준 정도 ★★★★★

시간 여행자가 잃어버린 물건?
중국의 시계 모양 반지

중국 남부의 상쓰(上思) 현에서는 명나라 시대(1368~1644년)에 만들어진 무덤에서 손목시계 모양으로 생긴 구리 반지가 발굴되었다. 기묘하게도 반지 뒷면에는 'Swiss'라는 글자가 새겨져 있었다. 당시 이 지역에서는 금속으로 모형을 만드는 관습이 없었으므로 부상품은 아니라고 한다. 또한, 스위스제의 손목시계가 중국에 전해진 것은 수십 년 전의 일이다. 그런데 반지가 발견된 무덤은 400년간 손을 댔던 흔적이 없었다고 한다. 발굴 시에 섞인 것이 아니라면 미래에서 온 시간 여행자가 잃어버린 것일까?

[장소] 중국
[연대] 14~17세기
충격 정도 ★★★★★
미스터리 정도 ★★★★★
문명 수준 정도 ★★★★★

▶ 시계 모양 반지는 구리로 만들어졌다.

▶ 명나라 시대의 무덤 속에서 발견된 반지는 그곳에 묻혀 있던 관 주위에 부착된 흙덩이에 섞여 있었다고 한다.

만들기 어려운 매우 작은 크기의 금속품
플라이스토세의 스프링

러시아의 우랄 산맥을 흐르는 나라다(Narada) 강에서 금광을 캐던 사람들이 땅속에서 금속질의 스프링을 대량으로 발견한 것은 1991년의 일이다. 그것들은 깊이 3~12m의 지층에서 출토되었고, 0.003mm에서 3cm로 크기도 제각각이었다. 러시아와 스웨덴의 연구 기관의 말을 따르면 스프링은 몰리브덴이나 텅스텐을 포함한 구리 합금으로, 지층 상태로 볼 때 30만~2만 년 전인 신생대 플라이스토세(更新世)의 것임을 알 수 있었다고 한다. 그런데 당시 인류에게 스프링을 만들 수 있는 기술이 있었으리라고는 생각할 수 없다. 고대에 다른 별에서 지구를 찾아온 이가 잃어버린 것일까?

제3장 초문명 오파츠 (기술편)

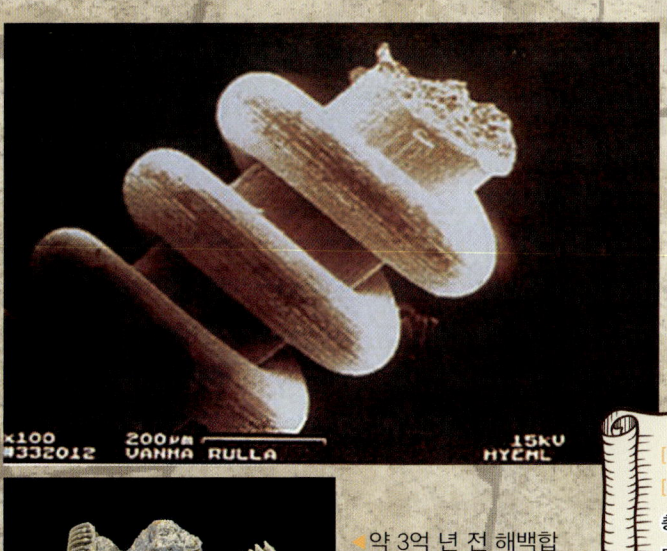

◀ 플라이스토세의 스프링의 하나를 현미경으로 살펴본 모습.

◀ 약 3억 년 전 해백합 화석에는 나사와 똑같은 모양의 것이 있다. 하지만 금속은 아니었다.

[장소] 러시아
[연대] 30만~2만 년 전
충격 정도 ★★★★★
미스터리 정도 ★★★★★
문명 수준 정도 ★★★★★

유래도 용도도 전혀 알 수 없다
인면 조각석

오리 알 형태의 돌멩이 앞면에는 사람의 얼굴, 뒷면에는 초승달과 교차시켜 놓은 창과 소용돌이 모양이, 그리고 돌멩이 앞면을 마주 봤을 때 오른쪽 면에는 북아메리카 원주민의 텐트와 같은 것, 왼쪽 면에는 옥수수로 보이는 그림 등이 새겨져 있다. 이 돌멩이는 아메리카 뉴햄프셔 주 위니페소키(Winnipesaukee) 호수 근처 땅속에서 발견되었다. 높이는 약 10cm이고 폭은 약 6cm이다. 발견된 후 100년 이상 지난 지금도 언제 누가 무슨 목적으로 만들었는지 수수께끼로 남은 상태다. 가장 불가사의한 점은 수직으로 관통하듯 뚫린 지름 1~2mm 크기의 구멍이다. 이 구멍은 적어도 19세기 이후에 개발된 동력 공구, 이를테면 금속 드릴과 같은 것이 아니고서는 뚫기 어렵다고 한다. 한 연구자는 인면 조각석은 고대 켈트 인이나 북아메리카 원주민인 이누이트(Inuit)에서 유래했다고 생각한다. 그러나 당시 사람들이 금속 드릴을 가지고 있었을 리 없으며 또 그와 비슷한 기술도 당연히 없었다. 너무나 많은 수수께끼에 둘러싸여 있어서 최근에는 인면 조각석(사람 얼굴을 새긴 돌)이 아주 옛날 지구를 찾아온 우주 비행사의 모습을 담은 것이 아니냐는 설도 등장하고 있다.

▲ 인면 조각석의 왼쪽 면(왼쪽)과 뒷면(오른쪽)

[장소] 미국
[연대] 미상
충격 정도 ★★☆☆☆
미스터리 정도 ★★★★☆
문명 수준 정도 ★★☆☆☆

Mystery Stone

▶인면 조각석은 뉴햄프셔 주가 아닌 다른 곳에서만 볼 수 있는 칼사이트(방해석)로 구성되어 있어서 한층 더 불가사의하다.

제3장 초문명 오파츠 (기술편)

FILE 035

2,200년간의 잠에서 깬 초기술

진나라의 크롬 도금 검

중국 산시 성에는 8,000체에 이르는 도자기 재질의 인형이 잠들어 있는 유적이 있다. 기원전 3세기에 중국을 통일한 시황제의 '병마용(兵馬俑)'이다. 도자기로 만들어진 병사의 일부는 허리에 길이 91cm의 청동 검을 차고 있다. 그런데 놀랍게도 이 청동 검 표면에는 10~15미크론이라는 매우 얇은 크롬 도금이 이루어져 있었다. 그래서 검은 2,200년 전의 것이라고는 믿기지 않을 정도로 광택이 있고 날도 유지되고 있었다. 크롬 도금은 1937년에 독일에서 개발된 근대 도금 기술이다. 진나라 시대의 사람들은 이 고도의 기술을 알고 있었지만, 널리 실용화되기 전에 사라졌던 모양이다.

[장소] 중국
[연대] 기원전 3세기
충격 정도 ★★★★★
미스터리 정도 ★★★★
문명 수준 정도 ★★★★★

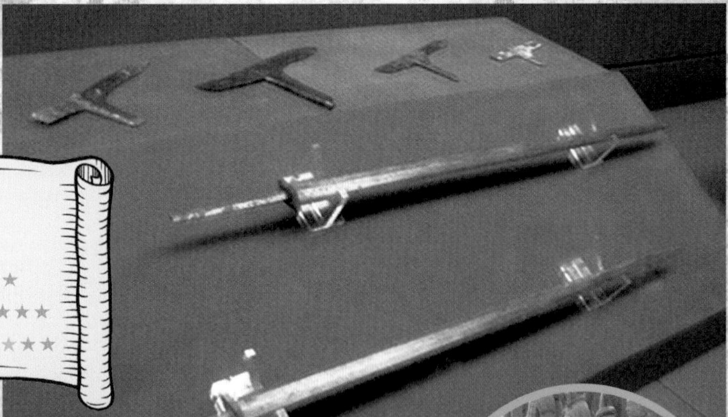

산시 성(陝西省) 박물관에 전시된 크롬 도금 검

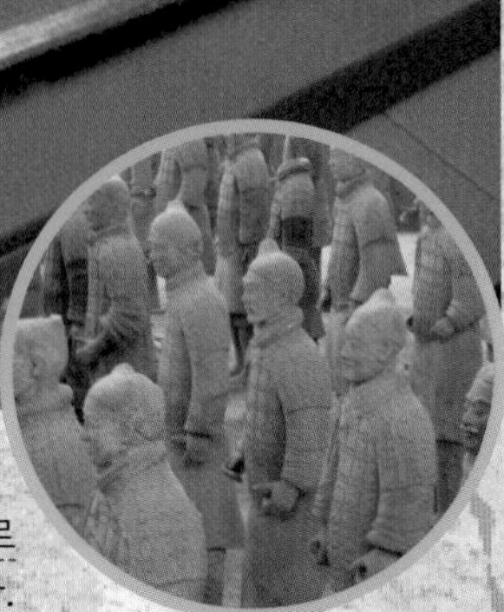

'병마용'은 부장품으로 함께 묻힌 도자기 재질의 병사와 말로 구성된 유적으로, 세계 문화유산에 지정되었다.

무슨 목적으로 만들어졌을까?
코스타리카의 거대 돌구슬

코스타리카 디키스(Dickies) 지방의 정글에서 거대한 돌구슬이 잇달아 발견되었다. 그 수는 무려 200개 이상으로 큰 것은 지름 2.5m, 무게 25톤에 이른다고 한다. 몇몇 돌구슬은 완전 구체에 가깝다. 완전 구체는 어디서부터든 중심까지의 거리가 같은 완전한 구슬을 말하는 것으로, 이런 구슬을 만들려면 고도의 기술이 필요하다. 다만 돌구슬이 자연적으로 생긴 것인지 인공물인지는 밝혀지지 않았다. 인공물이라면 그 목적은 알 수 없지만, 제작자는 300~800년에 이 지역에서 번영을 이뤘던 디키스 석기 문화 시대 사람들이라는 얘기가 된다. 그런데 대부분의 돌구슬은 파괴되었으며, 아직까진 만들다 만 돌구슬도 발견하지 못했다.

◀ 코스타리카에서 발견된 거대 돌구슬의 하나

MEMO
지질학에서는 구체 상태가 된 퇴적층을 '단괴(團塊)' 또는 '결핵체(concretion)'라고 부른다. 하지만 그런 암석이 거대한 완전 구체를 이루는 경우는 거의 없다.

[장소] 코스타리카
[연대] 300~800년
충격 정도 ★★★★
미스터리 정도 ★★★★★
문명 수준 정도 ★★★★★

제3장 초문명 오파츠 (기술편)

고대 아시리아의 초광학 기술
님루드의 수정 렌즈

이라크 북부 고대 아시리아의 수도 님루드(Nimrud) 유적에서 지름 4.3cm의 수정 파편이 발견되었다. 한쪽은 평면이고 다른 한쪽은 凸면으로 정확한 용도는 알 수 없지만, 확대 렌즈로 만들어진 것임이 분명하다. 문제는 이 유적이 기원전 8세기의 것이라는 점에 있다. 확대 렌즈의 역사에 관해서는 아직까지 알려지지 않은 부분이 많고 유리 렌즈가 사용되기 시작한 것은 11세기의 이라크였던 것으로 추정되고 있다. 따라서 기원전 8세기부터 2000년 가까운 세월 동안 이 수정 렌즈가 발명되었다는 것을 사람들은 몰랐던 셈이다. 고대인은 우리가 상상하는 것보다 훨씬 많은 것을 알고 있었을지도 모르겠다.

[장소] 이라크
[연대] 기원전 750~기원전 710년
충격 정도 ★★★★★
미스터리 정도 ★★★★★
문명 수준 정도 ★★★★★

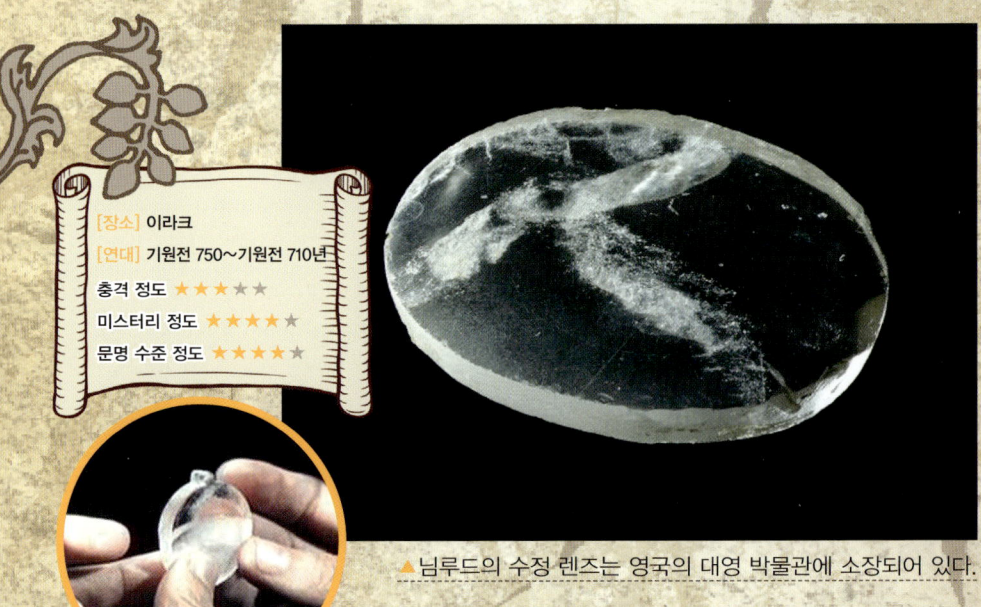

▲님루드의 수정 렌즈는 영국의 대영 박물관에 소장되어 있다.

▲렌즈의 초점 거리는 12cm로, 햇빛을 모아 불을 지피기 위한 확대경으로 사용되었을 가능성도 있다.

다른 나라에서 손에 넣은 고도의 기술일까?
바이킹의 수정 렌즈

스웨덴 고틀란드 섬 비스비(Visby)에 있는 11세기경의 해적 바이킹 유적에서 많은 수정 렌즈가 발견되었다. 잘 갈고 닦은 모양을 볼 때 현대에 뒤지지 않는 고도의 기술이 쓰였다고 한다. 장식품 외에도 확대경이나 망원 렌즈 등 다양한 분야에서 사용되었을 것으로 보인다. 만일 이것이 사실이라면 유럽에서 망원경이 사용되기 시작한 것은 17세기 초기니까 역사가 새롭게 써진다. 또한, 바이킹은 동로마 제국에서 해적질로 이 렌즈를 뺏었을 가능성도 크다. 즉, 실제 제작 연대는 11세기보다 더 오래전으로, 원본을 만든 것은 다른 민족일 가능성도 크다.

제3장 초문명 오파츠 (기술편)

◀유적에서는 450개 이상의 크고 작은 다양한 수정 렌즈가 발견되었다.

◀렌즈의 질은 여러 가지로, 시행착오가 있었음을 엿볼 수 있다.

[장소] 스웨덴
[연대] 11세기 이전
충격 정도 ★★☆☆☆
미스터리 정도 ★★★☆☆
문명 수준 정도 ★★★★☆

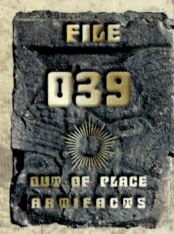

FILE 039

면도날 한 장도 들어가지 않는다
쿠스코의 돌담

아메리카 페루 안데스 산중에 있는 쿠스코는 16세기까지 잉카 제국의 수도로 번성했다. 마을 여기저기에는 지금도 당시의 돌담 벽이 남아 있다. 모양도 크기도 각각 다른 돌을 쌓아 놓은 것처럼 보이지만, 돌과 돌 사이가 딱 붙어 있어 면도날 한 장 들어갈 틈이 없다. 게다가 후에 세워진 건물들이 지진으로 큰 피해를 입었음에도 불구하고 이 벽은 꼼짝도 하지 않았을 만큼 내진성도 뛰어나다. 잉카는 철에 관한 지식이나 기술이 없었기 때문에 돌도끼와 같은 도구를 사용해 돌을 깎고 쌓아 올렸을 것으로 여겨지고 있다. 그런 도구로 어떻게 이토록 정교한 돌을 가공할 수 있었을까?

[장소] 페루
[연대] 11~16세기
충격 정도 ★★★★
미스터리 정도 ★★★★★
문명 수준 정도 ★★★★★

▲쿠스코의 돌담을 대표하는 '12각 돌'. 추정 4톤이나 되는 거석으로 만들었다.

▲정밀한 돌담이 쭉 이어진 쿠스코 시가지의 아뚠루미욕(Hathunrumiyoq) 거리.

FILE 040

거대한 화강암으로 이루어진 여섯 장의 바위
오얀타이탐보의 돌담

페루 쿠스코에서 북서쪽으로 약 60km 위치에 500년 전 잉카 제국의 신전이었던 오얀타이탐보(Ollantaytambo) 유적이 있다. 여기서 우선 시선을 끄는 것은 거대한 여섯 장의 바위다. 태양 신전의 일부라고 말해지는 이 건축물에 사용된 화강암은 각각 높이 4m, 폭 2.5m, 두께 2m. 무게는 50~80톤에 이른다. 바위와 바위 사이에는 틈이 없고 표면은 매끈하다. 놀랍게도 이 화강암을 채석한 곳은 강을 가로질러 약 10km나 떨어진 다른 산으로, 어떻게 거석을 운반했는지는 지금도 수수께끼로 남아 있다.

제3장 초문명 오파츠 (기술편)

◀뒤로 신전과 성스러운 산을 접하고 있는 거대한 여섯 장의 바위.

MEMO
잉카 제국은 16세기 스페인에 의해 멸망되었다. 오얀타이탐보는 그 요새로서, 잉카 제국의 마지막 황제가 세운 것으로도 유명하다.

[장소] 페루
[연대] 15세기경
충격 정도 ★★☆☆☆
미스터리 정도 ★★★☆☆
문명 수준 정도 ★★★☆☆

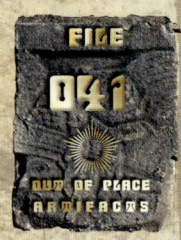

바알베크의 거석

2,000톤의 거석을 어떻게 옮겼을까?

중 | 동 레바논 동부의 도시 바알베크(Baalbek) 유적에서 약 1km 남쪽에 있는 채석장에 '바알베크의 거석'이라고 불리는 거대한 채석 바위가 방치되어 있다. 길이 21m, 폭 4.8m, 높이 4.2m, 추정 무게 2,000톤의 초거석으로 채석된 돌 가운데 세계 최대다. 정확한 무게는 이 거석을 매단 뒤 측정해야 알 수 있다. 이 정도의 거석을 운반하려면 우주선용 로켓 운반차가 아니면 어렵다. 현지의 전설을 따르면 과거 이 지역에 살았던 고대 셈 족들은 마술사 집단으로 거인을 움직여 거대한 신전을 만들었다고 한다.

[장소] 레바논
[연대] 기원전 1세기경
충격 정도 ★★★☆☆
미스터리 정도 ★★★☆☆
문명 수준 정도 ★★☆☆☆

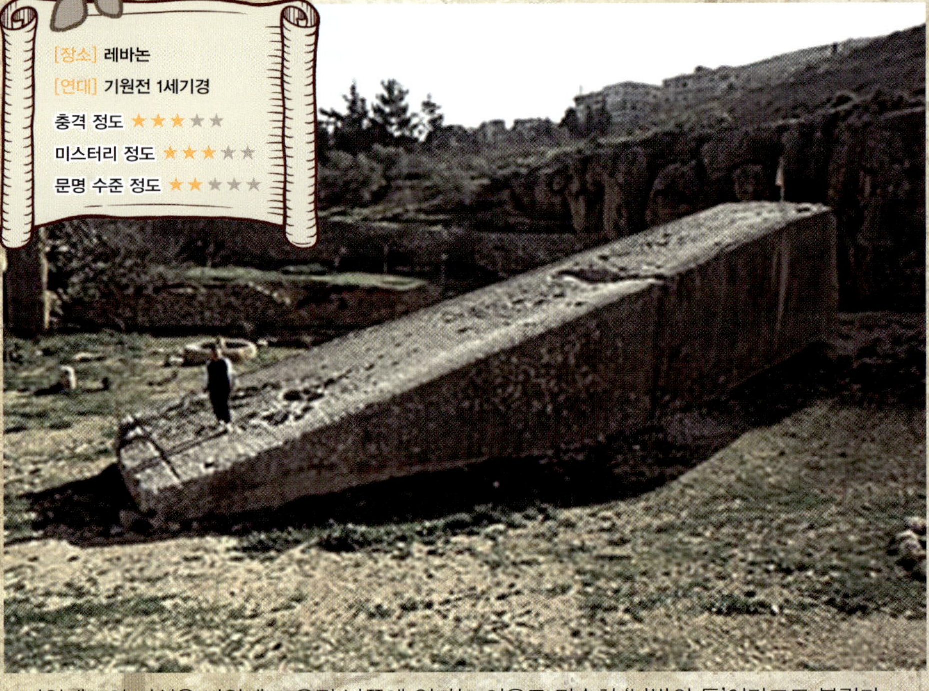

▲바알베크의 거석은 바알베크 유적 남쪽에 있다는 이유로 단순히 '남방의 돌'이라고도 불린다.

구멍이 뚫려도 살아 있었다?
탄흔이 있는 두개골

아프리카 남부 잠비아의 브로큰힐(Broken Hill) 광산에서 30만~12만 5,000년 전의 화석 인류 '하이델베르크 인'의 것으로 추정되는 두개골이 발견되었다. 이 두개골에는 왼쪽 귀 뒤쪽에 지름 8mm 정도의 원형 구멍이 뚫려 있었다. 게다가 창으로 생긴 구멍이라면 당연히 있어야 하는 균열이 보이지 않았다. 그래서 총알과 같은 고속의 물체에 맞아 생긴 흔적이라고 생각하는 사람도 있다. 그런데 X선에 의한 조사 결과, 두개골의 구멍이 치유된 흔적이 발견되었다. 즉, 이 하이델베르크 인은 머리에 구멍이 뚫린 후에도 살아 있었다는 얘기가 된다. 따라서 뇌 외과 수술을 했기 때문이라는 등의 다양한 억측을 불러일으키고 있다.

제3장 초문명 오파츠 (기술편)

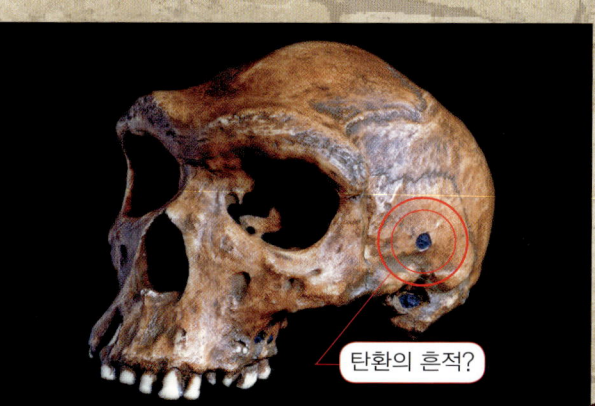

▶구멍이 뚫린 하이델베르크 인의 두개골

탄환의 흔적?

MEMO
하이델베르크 인은 현생 인류(호모 사피엔스)나 네안데르탈 인보다 더 오래된 원시인의 일종이다. 유럽과 아프리카에서 화석이 발견되었다.

[장소] 잠비아
[연대] 30만~12.5만 년 전
충격 정도 ★★★★★
미스터리 정도 ★★★★★
문명 수준 정도 ★★★★★

5,000년 전의 엔진 부품일까?
이집트의 플라이휠

이집트 카이로 남부에 있는 사카라(Saqqara) 무덤에서 사자와 함께 매장된 기묘한 부장품이 발견되었다. 기원전 3100년경의 것으로, 지름 61cm, 두께 약 10cm의 선풍기나 환풍기의 날개와 비슷한 물체다. 고고학적으로는 '돌 접시'라고 하는데, 중앙의 구멍은 무언가를 회전시키기 위한 축 구멍으로 보이기도 한다. 고대사 연구가인 제카리아 시친(Zecharia Sitchin)은 이 물건을 보고 미국 록히드사(현 록히드 마틴사)가 시험 제작한 엔진 부품인 '플라이휠'과 똑 닮았다고 말했다. 물론 고대 이집트에 엔진이 있었을 리 만무하다. 설사 프로펠러라고 해도 사용 목적은 수수께끼다.

[장소] 이집트
[연대] 기원전 3100년 경
충격 정도 ★★★★★
미스터리 정도 ★★★★★
문명 수준 정도 ★★★★★

▶19세기 말 엔진에 이용되었던 구식 플라이휠

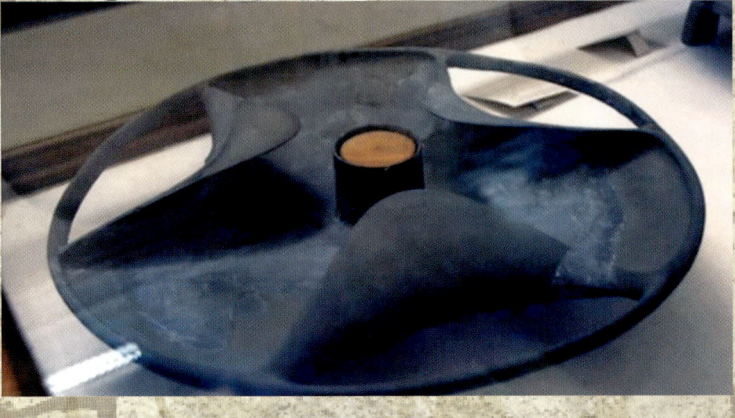

▶이집트 고고학 박물관에 소장된 '플라이휠'. 부드러운 돌을 깎아 만든 것으로 실물 모형이라는 설도 있다.

자연계에서는 볼 수 없는 금속
루마니아의 알루미늄

1 974년 루마니아의 아이우드(Aiud)를 흐르는 무레슈(Mures) 강가에서 깊이 약 10m의 지층을 파던 작업 인부가 동물의 뼈 화석과 함께 금속 덩어리를 발견했다. 조사 결과 화석은 약 1만 년 전의 코끼리와 비슷한 마스토돈(Mastodon)의 것임이 밝혀졌다. 금속 덩어리의 길이는 20cm 정도로 쐐기 모양을 하고 있다. 전문가의 분석으로는 이 금속은 89%의 알루미늄을 포함한 합금이라고 한다.

금속 알루미늄이 자연계에서 발견되는 일은 없다. 게다가 금속을 뽑아내어 정제하는 기술은 19세기 중반에 비로소 개발되었다.

제3장 초문명 오파츠 (기술편)

[장소] 루마니아
[연대] 1만 년 전
충격 정도 ★★★☆☆
미스터리 정도 ★★☆☆☆
문명 수준 정도 ★★★☆☆

▲아이우드에서 발견된 알루미늄 합금은 우주인이 탄 우주선에서 떨어진 것일까?

칼럼|과연 그렇구나! 초고대 문명학 ❸

인류는 한차례 핵전쟁으로 멸망했다?

☞ 모래도 녹일 만큼 강력한 초고열이란?

고대에 핵전쟁이 있었을까?
물론 고대인이 핵병기는 고사하고 원자력에 관한 지식을 가지고 있었을 리 없지만, 고대 문명권 각 지역에는 전쟁에서 핵이 쓰였다고 생각할 수밖에 없는 흔적이 다수 남겨져 있다고 한다. 이를테면 아프리카 리비아에 있는 사막 지대에서는 녹황색이나 검정의 크고 다양한 유리 파편이 발견되었다. 조사 결과 이것들은 남북 약 13km, 동서 약 53km 지대에 집중적으로 존재하고 있었다. 사막의 모래에 포함된 석영은 '수정'과 같은 성분으로 유리 원료가 되기도 한다. 하지만 석영은 1,700℃ 이상의 고온에 이르지 않으면 녹아서 유리질로 바뀌지 않는다. 그만한 고열이 어디서 왔을까? 가장 가능성이 높은 것은 '운석 충돌'인데 부근에서 크레이터(crater)의 흔적은 발견되지 않았다. 그 밖에도 이스라엘에서 유적을 발굴 중이던 고고학자들이 지하 5m 정도 지층에 두께 6mm의 녹은 유리 층을 발견했다. 그 범위는 남북 약 130km, 동서

◀사하라 사막에서 발견된 불가사의한 유리 파편. 어떻게 해서 생성되었는지에 대해서는 지금도 수수께끼로 남아 있다.

약 50km에 이르고 있었다. 또한, 영국 스코틀랜드 북동부의 선사 시대 유적에서도 원인 모를 고열 때문에 변형한 벽이 발견되었다. 벽의 돌이 녹아서 유리화한 부분도 있었다고 한다.

게다가 미국 뉴멕시코 주에 '화이트 샌즈(White Sands) 미사일 실험장'이라고 불리는 시설이 있는데, 1945년 사상 최초의 핵실험이 이루어진 것으로 유명하다. 이 시설 지면의 모래는 핵폭발 실험에 의한 고온에 녹아서 녹색 유리가 되었다는 보고가 있다.

이처럼 유리화한 고대 유적의 유물도 고대에 핵실험이나 핵전쟁이 일어났었음을 암시하는 것일까?

☞ 심한 화상으로 문드러진 유골과 '유리 마을'

물론 유리화한 지층만으로는 핵전쟁이 있었다는 증거가 되지 못한다. 하지만 다음과 같은 예도 있다. 인더스 문명의 중심 도시였던 파키스탄의 '모헨조다로'는 기원전 2500년경에 세워졌음에도 불구하고 완벽한 도시 계획에 따라 만들어진 도시다. 그런데 기원전 1800년경 인더스 문명이 갑자기 역사 속에서 사라졌다.

그 원인은 무엇이었을까?

유적에서는 한곳에 모여 있는 64체나 되는 유골이 발굴되었다.

▶ 스코틀랜드의 유적은 성벽 일부가 유리화한 상태다.

대부분이 부자연스럽게 겹쳐지고 비틀려서 한눈에도 생의 마지막을 맞이했음을 알 수 있었다. 게다가 일부 유골에는 고온에 가열된 것 같은 탄 흔적이 남아 있었다. 또 유적에서 5km 정도 떨어진 장소에는 현지인이 '유리가 된 마을'이라고 부르는 구역이 있는데 그 이름이 나타내는 바와 같이 지름 약 400m에 걸쳐 유리화한 돌이 여기저기 흩어져 있고 고열에 녹아내린 토기 등이 발견되었다. 조사 결과 이것들은 약 1,500℃의 고열에 아주 짧은 시간 노출된 것이라는 사실이 밝혀졌다. 이 지역에서 어떠한 비극이 일어났으며 그 후 버려진 것으로 보인다. 모헨조다로라는 이름은 '죽음의 언덕'을 의미한다. 일설에 따르면 대홍수가 있었다고도 하는데, 유적 주변이 어떤 대재앙에 휩싸였을 가능성이 크다고 하겠다. 사실 인더스 문명이 역사에서 사라진 그 시기에 터키에 있는 하투샤(Hattusha) 유적에서도 원인 모를 비정상적인 고온에 노출된 흔적이 있다고 한다. 벽돌로 이루어진 성벽이나 건물이 녹아서 새빨간 덩어리가 되었고, 타 버린 돌에는 균열이

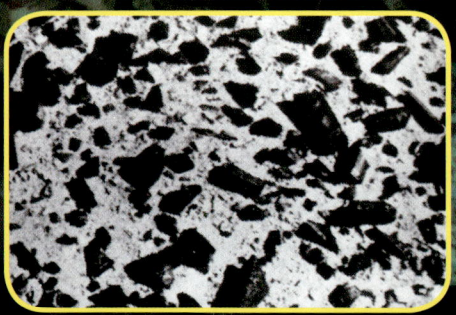

▲(위)모헨조다로의 유적에서 발굴된 부자연스러운 죽음을 맞이한 유골 (아래)'유리가 된 마을'에서 발견된 유리화한 돌멩이

▲'죽음의 언덕'을 의미하는 모헨조다로 유적

생겼다. 보통의 화재로는 있을 수 없는 일이다. 참고로 하투샤의 경우는 그다지 피해가 크지는 않았는지 도시가 멸망하지는 않았다.

👉 태고의 지구에 초병기가 존재했다?

이처럼 고대 문명이 있었던 넓은 지역에서 핵전쟁이 있었을 것으로 보이는 흔적이 발견되고 있다. 하지만 한편으로 이러한 재앙에서 살아남은 인류도 있었음직하다. 만에 하나 살아남은 이들이 있었다면 그들의 경험을 후세에 남겼을 수도 있다. 이것을 뒷받침할 만한 기록이 있다. 인도의 전설과 신화를 모아 놓은『마하바라타』는 고대부터 전해져 내려와 기원전 4세기경에 완성되었다고 한다. 이 안에도 핵전쟁으로 생각할 수밖에 없는 신들의 전쟁에 관한 기술이 있다.

이를테면 어떤 병기는 태양을 1만 개 모아 놓았을 만큼 눈이 부신 섬광을 내뿜으며 폭발한다. 그리하여 주변은 어둠에 휩싸이고 강풍이 불어 닥쳐 하늘에는 구름이 짙게 깔린다. 그로 말미암아 사체는 불에 타고 머리카락이나 손톱은 빠지고 음식은 독이 된다. 이러한 묘사는 원자 폭탄에 의한 방사선 피해와도 너무 흡사하다. 한편『구약 성서』에도

▶1957년 미국 네바다 주에서 실행된 원폭 실험 장면

핵전쟁으로 멸망한 것으로 보이는 두 개의 마을이 등장한다. 이스라엘과 요르단의 국경에 있는 사해 부근에 실제로 존재했던 것으로 생각되는 소돔(Sodom)과 고모라(Gomorrah)라는 도시다.

타락해서 신의 노여움을 산 이 두 마을에 하늘에서 분노의 불기둥이 떨어져 내린다. 눈이 멀 만큼 강력한 빛과 커다란 소리가 사라진 뒤에는 사람은 물론이고 마을 자체가 통째로 흔적도 없이 사라지고 만다.

인류를 한차례 멸망의 늪으로 내몰았던 대규모 재해를 가져온 것은 고대인이 '신'이라고 부르는, 인류와는 다른 생명체에 의한 것이었을 가능성이 엿보인다. 물론 이상의 가설에 핵전쟁을 나타내는 구체적인 증거는 아직 발견되지 않았다. 그러나 실제로 '무언가'가 일어나지 않았다면 이토록 구체적인 묘사는 어렵지 않을까?

▲소돔과 고모라의 비극을 그린 그림. 신들에 의한 '불기둥'은 그야말로 원자 폭탄이 일으키는 버섯구름과 흡사하다.

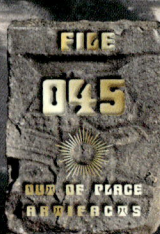

목적을 알 수 없는 거대한 도형
나스카의 지상화

[장소] 페루
[연대] 기원전 4세기경
충격 정도 ★★★★★
미스터리 정도 ★★★★★
문명 수준 정도 ★★★★

Nazca Lines
▲ '벌새'를 그린 나스카의 지상화 가운데 하나

❶ 하늘에서만 알아볼 수 있는 거대한 그림

페루 남부의 태평양 연안과 안데스 산맥 사이를 가로지르는 황량한 대지에 고고학 역사상 최대의 수수께끼가 있다. 직선, 소용돌이 등의 기하학 모양, 원숭이, 거미 등의 생물……. 다양한 도형과 그림이 지표에 그려진 '나스카의 지상화'이다. 크기는 하나당 수십 미터에서 수 킬로미터에 이르며, 그 수는 무려 1,200점 이상이다. 대략 2,400년 전에 그려진 지상화가 지금도 사라지지 않고 남아 있는 이유는 나스카의 대지는 비가 극단적으로 적은 데다가 물이 흐르기 어려운 구조이기 때문이다. 지상화는 지표에서 검붉은 자갈을 치워 그 아래의 흰 지면을 드러나게 한 아주 간단한 방법으로 만들어졌다. 나스카의 지상화는 일필로 그린 선으로 이루어졌으며, 고도 300m 이상의 고공이나 높은 언덕 꼭대기에 오르지 않으면 전체 모습을 볼 수 없다. 16세기 스페인은 나스카 지면에 불가사의한 선이 있음을 알아차렸지만, 이토록 거대한 그림이라는 사실을 알게 된 것은 비행기가 나스카 상공을 날기 시작한 1939년경의 일이다. 그렇다면 도대체 누가 무슨 목적으로 이토록 거대한 그림을 지상에 그렸을까?

▶ 지상화는 지면의 돌을 치우는 방식으로 만들어졌다.

❷ 수수께끼의 목적과 제작 방법은?

1940년대부터 지상화 연구에 자신의 생애를 걸었던 독일인 마리아 레이헤(Maria Reiche)는 지상화의 직선 하나가 춘분과 추분의 일출과 일몰 방향을 나타내고 있다는 점에서 파종이나 수확 시기 등을 알기 위한 거대한 천문 관측장이 아니었을까 생각했다. 또 지상화 중에는 물이나 생명에 관한 것도 있다는 점에서 비를 기원하는 의식을 거행하기 위한 것이었고 주장하는 학자도 있다. 나스카 주민들은 농작물을 키우기 위해 현재도 지하를 흐르는 수로의 도움을 받고 있다. 비가 적은 토지여서 물은 매우 귀중한 자원인 셈이다. 다만 모든 지상화의 수수께끼를 설명하는 것이 아니라서 진상은 여전히 알 수가 없다. 게다가 지상화는 고공에서 봐야 알 수 있다는 점에서 그것들은 신이나 우주인에게 보내는 메시지라는 설도 있다. 또 하나의 수수께끼는 지상화의 제작 방법이다. 이 점에 대해서는 확대법을 이용한 것으로 추측된다. 밧줄과 말뚝을 이용해 지면에 그린 작은 그림을

▲연구가 마리아 레이헤 (Maria Reiche)

▲136m나 되는 콘도르(Andean Condor) 지상화

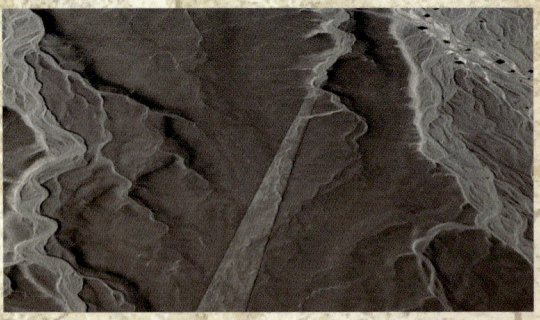
▲그중에는 산을 관통할 정도로 거대한 직선도 있다.

토대로 같은 축척으로 거리를 재어서 거대한 그림을 그리는 단순한 방법이다. 이 방법이라면 전체를 보지 않아도 충분히 가능하다. 여기서 불가사의한 점은 고대 나스카 사람들은 자신들이 그린 지상화를 상공에서 내려다볼 수는 있었는가 하는 점이다. 1973년 국제 탐험가 협회의 짐 우드만(Jim Woodmann)은 나스카 시대의 도구만으로 기구를 만들 수 있다는 사실을 증명했다. 100m 정도의 고도까지 안전하게 상승하여 상공에서 지상화를 볼 수 있었을 것이라는 말이다.

어쨌든 지상화는 특정 시대에만 만들어졌고, 그 후에는 나스카 사람들조차 지상화를 만든 목적이나 방법을 모른다. 세계에는 나스카 이외에도 거대한 지상화가 수없이 많이 존재한다. 그렇다면 고대인은 하늘을 날 수 있었을까?

▲(위)짐 우드만은 고대 나스카 시대의 재료를 사용해서 만든 기구를 타고 하늘을 나는 것에 성공했다.

▲하늘의 신에게 비를 기원하면서 지상화의 선을 따라 걷는 나스카 주민들

▲나스카의 지하 수로에서 물을 끌어오기 위한 우물

신전에 고대의 초지식이 숨겨져 있다?
이집트의 전구 돋을새김

① 지하실에 남겨진 경이로운 돋을새김

이집트 중동부의 덴데라는 약 4,000년 전부터 성지로 알려져 많은 신전이 세워졌다. 그중에서도 2,000년 정도 전에 완성한 하토르 신전은 지하 통로의 벽에 기묘한 돋을새김(릴리프)이 남겨져 있는 것으로도 유명하다. 그 돋을새김에는 전구처럼 생긴 것이 그려져 있었다! 지하 통로 이외에 신전 내부에도 몇몇 개의 전구 모양 돋을새김이 있었으며 그중에는 꼬마전구처럼 생긴 것도 있었다. 이를 본 미국의 과학 저널리스트 이반 샌더슨(Ivan T. Sanderson)은 다음과 같이 지적했다.

▶덴데라 하토르 신전

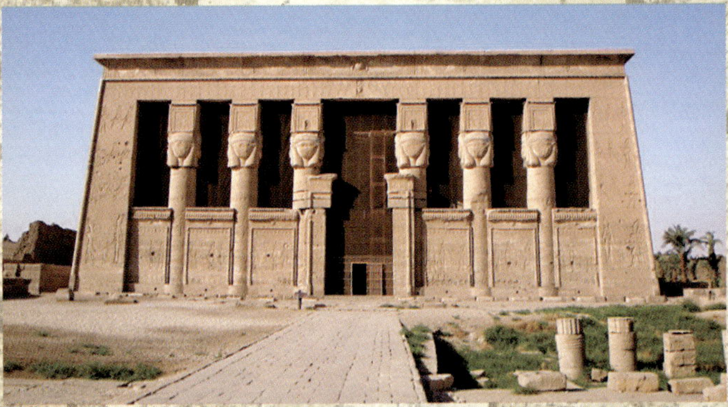

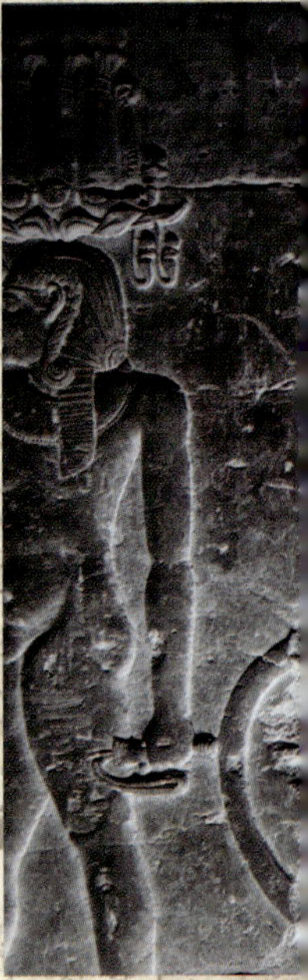

[장소] 이집트
[연대] 2,000년 전경
충격 정도 ★★★★★
미스터리 정도 ★★★☆☆
문명 수준 정도 ★★★★☆

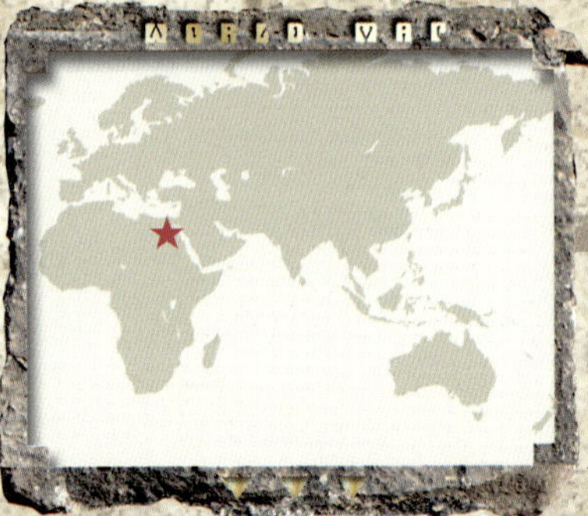

"꾸불꾸불한 뱀이 들어가 있는 가늘고 긴 관은 필라멘트가 들어간 전구의 유리관이며, 그 끝 부분에 손을 뻗어 받치고 있는 것은 고전압용 절연체다."

그 후 1981년에는 오스트리아의 전구 기술사 발터 가른(Walter Garn)이 돋을새김을 재현하기 위해 전구의 모형을 만들어 실험했다. 그 결과 전구에 불이 들어왔다. 그런데 미국의 토머스 에디슨이 전구를 발명한 것은 1879년의 일이다. 정말로 2,000년 전 고대 이집트 인들이 전구에 관한 지식을 가지고 있었을까?

▲ 발터 가른이 시행한 전구 돋을새김의 재현 실험. 유리관 안에서의 방전에 성공했다.

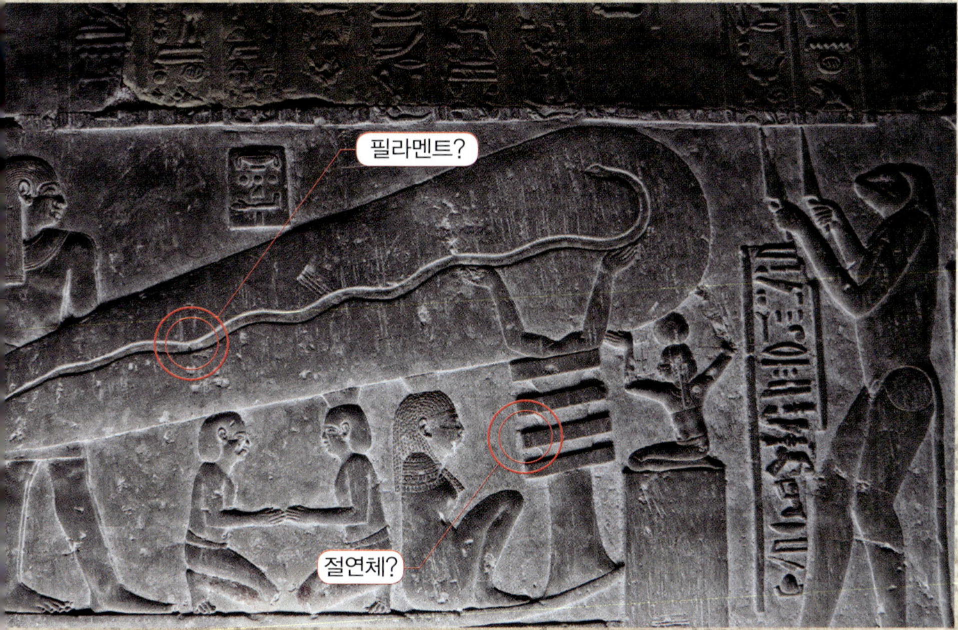

▲ 하토르 신전에 있는 '전구 돋을새김'. 필라멘트는 백열전구 안에서 발광하는 부분. 절연체는 전선 등을 받쳐주는 유리나 고무 등 전기를 잘 통하게 하는 도구를 말한다.

❷ 정말로 전구였을까?

이집트의 고고학 전문가는 문제의 돌을새김을 다음과 같이 설명한다. 관 안의 뱀은 하늘의 태양을, 끝 부분을 받치고 있는 것은 '제드 기둥(Djed pillars)'을 나타내는 것으로, 재생과 부활을 의미하는 표시다. 말하자면 이집트 상형 문자에서 흔히 볼 수 있는 것들이라고 한다. 한편 영국의 과학 잡지 '네이처'를 창간한 것으로 유명한 천문학자 노먼 로키어(Norman Lockyer)는 1892년에 다음과 같이 서술했다.

"고대 이집트의 신전 안에서 전구를 이용한 조명이 사용되었다는 가설을 검토해 보아야 하는 게 아닐까?"

이유는 이렇다. 고대 이집트에는 한 가지 불가사의한 공통점이 있다고 한다. 그것은 외부의 빛을 내부로 끌어들이는 장치가 없다는 점이다. 석조로 이루어진 신전 안으로 들어가 보면 안쪽 깊숙한 방은 조명이 없으면 너무 어두워서 걸을 수조차 없다.

▲이집트 벽화에서는 이러한 제드 기둥을 흔히 볼 수 있다.

▲하토르 신전 내부에서 볼 수 있는 전구 돌을새김들. 아래는 꼬마전구 형태의 돌을새김이다.

어두운 신전 내부나 지하에서는 불을 밝힐 필요가 있었다는 얘기다. 그럼에도 불구하고 고대의 신전에는 횃불 받침대와 같은 흔적이 없다고 한다.

그렇다면 당시 사람들은 지하 신전을 지을 때 어두컴컴한 장소에서는 어떻게 작업을 했을까?

많은 거울을 설치한 뒤 반사함으로써 태양광을 끌어들였다는 설도 있지만, 그럴 만한 장치가 있었음을 나타내는 증거는 발견되지 않았다. 그렇다면 하토르 신전의 돋을새김이 전구였다는 설도 어느 정도 신빙성이 있다.

또한, 앞서 등장했던 샌더슨의 말을 따르면 고대 이집트의 신관들은 이러한 전기를 사용한 도구를 이용함으로써 일반 민중뿐 아니라 왕까지도 두려움에 떨게 하는 존재로 군림했을 가능성이 있다고 한다. 여하튼 그 설을 뒷받침할 구체적인 증거도 발굴되어야 할 것이다.

▲ '테슬라 코일(Tesla Coil)'이라는 장치를 사용한 전기 실험 장면. 제드 기둥은 이러한 장치를 이미지화 한 것일까?

FILE 047 OUT OF PLACE ARTIFACTS

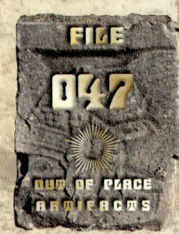

케찰코아틀은 우주선이었을까?

올메카의 조종사

멕시코 남동부의 라벤타(La Venta)는 아메리카 대륙의 가장 초기인 기원전 1,200년경부터 번성했던 올메카(Olmeca) 문명의 중심 도시다. 그 유적에서 마치 소형 우주선을 조종하는 조종사를 표현한 것처럼 보이는 돋을새김이 발견되었다. 그 인물은 헬멧을 쓰고 있으며 입가에는 마이크 같은 것이 보인다. 왼손으로 자동차의 시트 레버와 비슷한 것을 잡고 발은 액셀을 밟고 있는 것 같은 모습이다. 이 지역에는 '털이 있는 뱀의 신(케찰코아틀)'이 문화를 초래했다는 전설이 있다. 인물은 그 케찰코아틀(우주선)을 타고 지구를 찾아온 우주인이었을지도 모른다.

▶ 라벤타 박물관에 전시된 돋을새김. 학술적으로 돋을새김 속의 인물은 케찰코아틀 신의 보호를 받고 있는 올메카 인으로 여겨지고 있다.

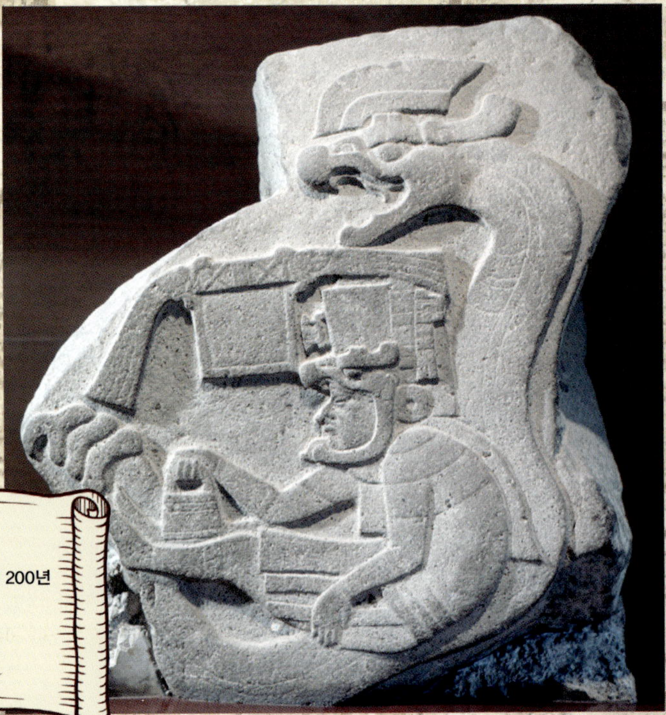

[장소] 멕시코

[연대] 기원전 1,200~기원전 200년

충격 정도 ★★☆☆☆

미스터리 정도 ★★☆☆☆

문명 수준 정도 ★★★☆☆

FILE 048

항공 역학의 전문가도 인정한
고대 이집트의 글라이더

이집트 사카라에 있는 기원전 2,000년경의 유적에서 새의 모양을 한 목제 공예품이 출토되었다. 총 길이는 15cm이며 굵은 동체가 뒤쪽으로 갈수록 세로로 얇아져서 끝 부분은 마치 꼬리 날개처럼 되어 있다. 또한, 동체와 교차하듯 활짝 펼친 길이 19cm의 날개가 끼워져 있다. 1969년 이를 본 칼릴 메시아(Khalil Messiha)라는 학자는 그 구조가 현대의 글라이더와 똑같다고 주장했다. 이집트 문화성이 항공 역학 등의 전문가를 동원해서 조사한 결과, 모형을 실물 크기로 확대해 엔진을 달면 글라이더로 사용할 수 있다는 결론이 나왔다. 고대 이집트 인은 하늘을 날 수 있었을까?

수직 꼬리 날개?

◀카이로의 이집트 고고학 박물관에 소장된 나무 글라이더

MEMO
인류가 하늘을 나는 꿈은 2,000년 전에도 있었을 것이다. 최초의 유인 비행이 실현된 것은 1745년이다. 몽골피에 형제가 열기구로 하늘을 날았을 때다.

[장소] 이집트
[연대] 기원전 200년경
충격 정도 ★★★★★
미스터리 정도 ★★★★★
문명 수준 정도 ★★★★★

수수께끼의 비행 물체에 올라탄 우주인?
고대 페루의 로켓

8세기경 남아메리카 페루에서 번성했던 람바예케(Lambayeque) 유적에서 기묘한 유물이 발견되었다. 머리에 뾰족한 헬멧을 쓰고 로켓 모양 물체에 올라탄 인물이 핸들 비슷한 것을 잡고 있는 합금으로 이루어진 조각상으로, 뒷부분은 분사구와 같은 형태를 하고 있다. 게다가 이와 비슷한 상이 람바예케와 가까운 동 시기에 번성했던 모체(Moche) 문화의 유적에서도 발견되었다. 어쩌면 당시 남아메리카 상공은 지구를 찾아온 우주인이 로켓 모양의 소형 정찰기를 타고 상공을 날아다녔으며 그 모습을 본 사람들이 신으로 숭배하여 이런 공예품을 만들었을지도 모른다.

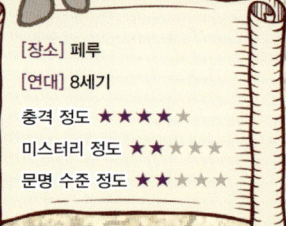

[장소] 페루
[연대] 8세기
충격 정도 ★★★★☆
미스터리 정도 ★★☆☆☆
문명 수준 정도 ★★☆☆☆

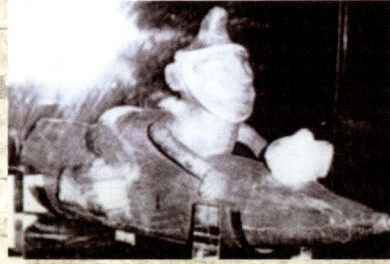

▶ 모체 문화의 유적에서 발견된 로켓에 올라탄 인물상

▶ 페루 북서부 람바예케에서 발굴된 로켓 모양 합금 조각상

우주를 꿈꿨던 고대의 기억일까?
자바 섬의 로켓 돌을새김

인도네시아 자바 섬의 라우 산 중턱에는 15세기에 세워진 힌두교 사원의 유적이 있다. 이 사원에는 피라미드 형태의 건축물이 있으며, 과거 그 옥상에는 높이 약 2m의 기괴한 기둥 상이 세워져 있었다고 한다. 기둥 상은 남성 생식기의 형태를 하고 있는데 기묘한 점은 그 모양이 아니다. 측면에 그려진 돌을새김이다. 그것은 태양과 달, 그리고 그곳을 향해 솟아 있는 로켓이다. 15세기에 이미 우주를 꿈꾸며 로켓을 생각했다는 얘기일까? 잃어버린 고대의 지식이 은밀하게 전해지고 있었을지도 모르겠다.

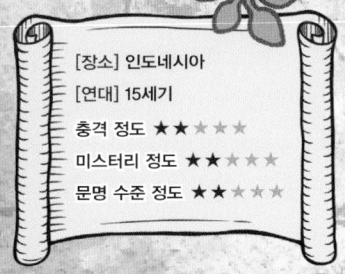

[장소] 인도네시아
[연대] 15세기
충격 정도 ★★☆☆☆
미스터리 정도 ★★☆☆☆
문명 수준 정도 ★★☆☆☆

◀ '이 조각상은 현재 인도네시아 자카르타에 있는 국립 박물관에 전시되어 있다.

FILE 051

비행기 모양을 한 콜롬비아의 펜던트
황금 제트기

1996년 미국의 과학 저널리스트 이반 샌더슨(Ivan Terence Sanderson)이 기묘한 모양의 황금 펜던트를 공개했다. 그것은 길이 10cm, 폭 5cm 정도로 좌우에 삼각형 날개와 후방에 수직 꼬리 날개를

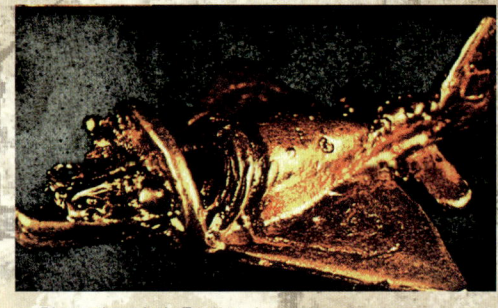

▲ 황금 제트기의 측면 모습

갖추고 있는 것처럼 보이며, 전체적인 모습은 제트기나 스페이스 셔틀과 닮았다. 콜롬비아 중부에 있는 1,000년 전 유적에서 발견된 것으로, 당시 남아메리카에 비행기를 지닌 문명이 존재했을지도 모른다는 것이다. 물론 그런 옛날에 제트기가 존재했을 리 없다. 동력 비행으로 하늘을 날았던 것은 라이트 형제가 최초이며 1903년의 일이다. 또한, 콜롬비아에서 발견된 황금 펜던트 중에는 물고기나 동물의 형태를 한 것도 많으므로 황금 제트기 역시 메기의 일종인 생물을 본떠서 만든 것일지도 모른다. 하지만 샌더슨은 항공 역학 전문가와 로켓 조종사 등의 협력을 얻어 펜던트 제트기의 모형이라면 그것을 재현한 비행기도 실제로 하늘을 날 수 있을 것으로 생각했으며 그 검증에 성공했다. 고대에 하늘을 나는 기술이 정말로 있었다면 나스카의 지상화 등, 하늘에서 봐야 비로소 의미를 지니는 그림의 수수께끼도 풀 수 있을 것이다.

[장소] 콜롬비아
[연대] 약 1,000년 전
충격 정도 ★★★★★
미스터리 정도 ★★☆☆☆
문명 수준 정도 ★★☆☆☆

Golden Jet
바로 위에서 본 황금 제트기의 모습.
기묘한 소용돌이 디자인이 특징이며,
비행기 모양과 똑같다.

제4장 초문명 오파츠 (지식편)

거대 건조물을 만들기 위한 토목 기계일까?
황금 불도저

중 앙아메리카의 파나마 중부에서 6세기부터 10세기경에 걸쳐 번성했으며, 마야 문명과도 교류가 있었던 것으로 보이는 코클레(Cocle) 문화 유적에서 동물

▲ 황금으로 세공된 꼬리의 끝이 톱니바퀴로 되어 있어서 살아 있는 생명을 표현한 것이 아닌 기계로 보인다.

재규어를 본뜬 것으로 보이는 황금 세공품이 도자기와 황금으로 만들어진 장식품들과 함께 발견되었다. 이 유물의 길이는 약 11cm로 등에는 커다란 에메랄드가 박혀 있다. 그런데 자세히 보면 꼬리에 톱니바퀴 같은 모양이 있어서 동물이라기보다 무슨 기계를 흉내 낸 것처럼 보이기도 한다. 미국의 과학 저널리스트 이반 샌더슨(Ivan Terence Sanderson)은 이 점에 주목하여 이것은 동물을 본뜬 공예품이 아니라 고대 토목 공사에서 쓰였던 불도저의 모형이라고 생각했다. 머리 부분은 톱니 모양의 양동이, 꼬리는 선단에 톱니 연동 방식 윈치(winch) 갖춘 굴삭 암, 동체 주위의 장식은 캐터필러라는 것이다.

물론 중앙아메리카에 번성했던 고대 문명 유적에서 불도저와 같은 토목 기계가 발견되었던 적은 없다. 하지만 당시 사람들이 정글을 개척하고 놀라울 정도로 거대한 건축물을 세울 수 있었던 것은 알려지지 않은 토목 기계가 있었기 때문이 아닐까?

[장소] 파나마
[연대] 500~900년
충격 정도 ★★★☆☆
미스터리 정도 ★★☆☆☆
문명 수준 정도 ★★★★★

Gold Pendant of Jaguar

▼정면에서 바라본 황금 불도저.
이 황금 세공품은 펜던트로 쓰였다고 한다.
커다란 눈은 조명 기구처럼 보인다.

제4장 초문명 오파츠 (지식편)

왕은 우주선을 타고 여행을 떠났을까?
팔렌케의 우주비행사

멕시코 동부 팔렌케(Palenque) 유적 신전에서 파칼 왕의 유체가 들어 있는 석관이 발견되었다. 그 돌을새김에는 죽은 자의 세계로 여행을 떠나는 왕의 모습이 그려져 있다고 한다. 한편 스위스의 초고대 문명 연구가 에리히 폰 다니켄(Erich von Daniken)은 '로켓을 탄 고대의 우주 비행사'라고 주장하며 화제를 불러일으켰다. 그리고 보니 사진을 90도 기울여 보면 인물은 로켓 같은 것을 탄 것처럼 보인다. 게다가 그 물체에는 엔진과 비슷한 장치가 있고 후방 모형은 마치 불꽃을 분사하는 것 같다. 또한, 파칼 왕이 우주인이었다는 설까지 있다. 정말 그 모습을 그려 놓은 것일까?

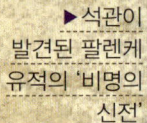

▶석관이 발견된 팔렌케 유적의 '비명의 신전'

MEMO
팔렌케 유적은 마야 문명을 대표하는 유적의 하나이다. 신전에서는 가면을 쓴 왕의 유체와 석관이 발견되었다.

[장소] 멕시코
[연대] 7세기
충격 정도 ★★★☆☆
미스터리 정도 ★★☆☆☆
문명 수준 정도 ★★☆☆☆

▲우주 비행사처럼 보이는 인물이 그려진 팔렌케의 석관

900년 전 유적에 남아 있는 중생대의 생물
공룡 돋을새김

캄 보디아의 따프롬(Ta Prohm) 불교 사원 유적에서 동물의 모습을 그린 지름 약 20cm의 돋을새김 가운데 기묘한 것이 발견되었다. 놀랍게도 등에 판자 모양 돌기가 나 있는 공룡 '스테고사우루스'의 모습이다. 스테고사우루스는 중생대 쥐라기(약 2억 년 전~1억 4,000만)의 공룡이다. 그런데 왜 900년 전 돋을새김에서 보이는 것일까? 최근에 누군가가 돋을새김을 바꿔치기했다는 설도 있지만, 다른 동물 돋을새김과 비교했을 때 풍화 정도가 다르지 않아서 그 가설은 받아들여지지 않았다. 그렇다면 12세기에 스테고사우루스를 목격했거나 아무튼 그 모습을 알고 있었던 인물이 있었던 것으로 생각할 수밖에 없다.

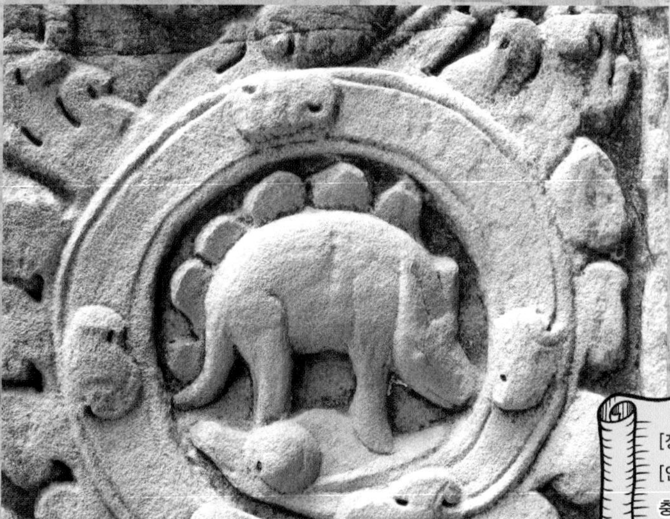

◀네 발로 직립하는 모습은 그야말로 공룡 그 자체다.

[장소] 캄보디아
[연대] 12세기경
충격 정도 ★★★★★
미스터리 정도 ★★☆☆☆
문명 수준 정도 ★★★☆☆

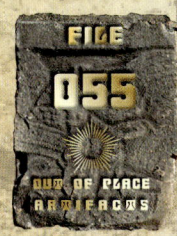

차바퀴를 알고 있었다?
아스테카의 사륜차

차 바퀴는 인류 초기의 발명 가운데 무엇보다 중요한 것 중 하나로 운반 기술이나 교통의 기본이다. 통나무 롤이 차바퀴로 바뀌는 과정은 여러 고대 문명에서 볼 수 있는 발전 형태의 하나다. 멕시코 일대에 14세기 후반부터 번성했던 아스테카는 마야와 더불어 차바퀴를 몰랐던 문명이다. 그런데 그 차바퀴가 마야와 아스테카에도 존재했던 모양이다. 왜냐하면, 그렇게 생각할 수밖에 없는 유물 몇 가지가 발견되었기 때문이다. 예를 들어 아스테카 문명의 유물 중에는 차바퀴가 달린 흙을 빚어 만든 개가 있다.
그런데 왜 차바퀴에 대한 지식을 알고 있으면서 사용하지 않았을까?

[장소] 멕시코
[연대] 14~17세기
충격 정도 ★★★★★
미스터리 정도 ★★★★★
문명 수준 정도 ★★★★★

◀아스테카에서 만들어진 흙을 빚어 만든 개. 발 부분이 차바퀴로 보인다.

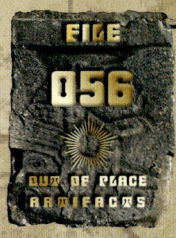

왼손에 든 무기의 정체는?
툴라의 전사 조각상

멕시코에서 10세기경에 번성했던 툴라 유적에는 피라미드 모양 꼭대기에 전사의 모습을 조각한 4체의 석상이 있다. 높이는 4.6m다. 과거 이곳에 세워졌던 신전을 지탱하는 돌기둥을 자세히 살펴보면 권총집에 들어 있는 총 같은 것을 잡고 있음을 알 수 있다. 지금까지 그 정체는 창던지기 기기라고 생각했다. 그런데 근방에 있는 톨란(Tollan) 유적에서 불가사의한 돌을새김이 발견되었다. 놀랍게도 그것은 같은 무기를 지닌 인물이 바위를 향해 불을 내뿜는 모습을 그린 것이었다. 전사 조각상의 전사가 손에 쥐고 있는 무기는 화염 또는 전기의 일종인 플라스마를 방출하는 첨단 무기라고 주장하는 사람도 있을 정도다.

제4장 초문명 오파츠 (지식편)

수수께끼의 무기

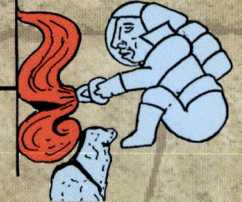

▲(위)툴라 유적의 전사 조각상. (아래)톨란 유적에서 발견된 돌을새김과 그것을 재현한 삽화.

[장소] 멕시코
[연대] 600~1000년
충격 정도 ★★★★☆
미스터리 정도 ★★☆☆☆
문명 수준 정도 ★★★☆☆

유럽의 천문 역사를 새로 쓴 천문판
네브라 스카이 디스크

청 동 원반은 지름 약 32cm, 무게 약 2kg으로, 독일 중부 작센안할트(Sachsen-Anhalt) 주의 네브라에서 발견되어 '네브라 스카이 디스크'라는 이름이 붙여졌다. 전문가의 조사를 따르면 이것은 약 3,600년 전에 만들어진 인류 최초의 천문판이다. 표면에는 금장식으로 태양과 달, 플레이아데스성단의 7성이 그려져 있으며, 3년에 한 번 이 천문판의 배치를 참고로 달력과 실제 계절의 격차를 수정할 수 있었다고 한다. 메소포타미아나 이집트보다는 늦을지 모르지만, 선사 시대의 유럽에서는 추측하는 것과 달리 훨씬 오래전부터 고도의 천문 지식이 있었음을 알 수 있었다.

▶ 네브라 스카이 디스크의 좌우로 둘러서 붙인 금띠에서는 하지와 동지의 일출과 일몰 방향을 알 수 있다.

플레이아데스성단

[장소] 독일
[연대] 3,600년 전
충격 정도 ★★★★☆
미스터리 정도 ★★☆☆☆
문명 수준 정도 ★★★★★

FILE 058

전설에 기록된 고대 인도의 초병기
비행 병기 비마나

고대 인도의 전설을 정리해 놓은 『마하바라타』에는 비마나(Vimana)라고 불리는 하늘을 나는 병기가 등장한다. 신들이 그것을 타고 적을 공격할 뿐 아니라, 날개가 없는 데도 비행하며, 순간 이동이나 우주 항행도 가능했다고 한다. 사실은 이 비마나가 실제로 존재했음을 암시하는 고문서가 존재한다. 설계도와 조종 방법이 기록된 『비마나카 샤스트라』라는 책으로, 일설에는 기원전 10세기로 거슬러 올라가는 내용이라고 한다. 그 옛날 인도에도 초고대 문명이 번성했던 것일까? 아니면 우주인이 타고 다니던 UFO와 같은 비행 물체가 지구에서 만들어졌음을 의미하는 것일지도 모르겠다.

제4장 초문명 오파츠 (지식편)

◀인도의 사원에 재현되어 보관된 하늘을 나는 비마나.

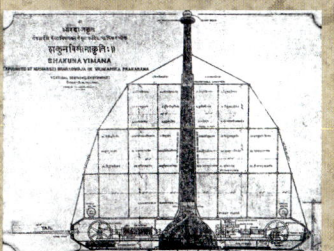

◀『비마나카 샤스트라』에 있는 비마나 설계도.

[장소] 인도 등
[연대] 미상
충격 정도 ★★★★★
미스터리 정도 ★★★★★
문명 수준 정도 ★★★★★

135

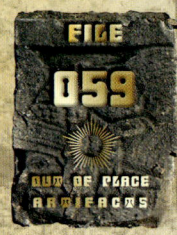

16세기에 남극 대륙이 그려져 있었다?
피리 레이스의 지도

터키의 톱카프 궁전에서 1929년에 기묘한 고지도가 발견되었다. 그것은 양피 종이에 대서양 주변 대륙이 그려진 항해도로, 지도 오른쪽에는 스페인(이베리아 반도)과 서아프리카, 왼쪽에는 남아메리카의 동해안, 그리고 그 끝에서 뻗어 있는 수수께끼의 육지가 보인다. 이 지도는 터키 일대를 지배했던 오스만 제국의 해군 피리 레이스 제독이 1513년에 작성한 것이다.

▲ 피리 레이스(Piri Reis) 제독

그런데 콜럼버스가 아메리카 대륙에 도달한 것은 1492년으로, 그 후 불과 11년밖에 지나지 않은 시기에 상당히 자세한 아메리카 대륙 해안선이 그려진 것이다. 게다가 가장 주목해야 할 부분이 남아메리카 앞에 있는 육지는 '남극 대륙'이 아닐까 하는 점이다. 남극 대륙이 발견된 것은 1773년경인데 지도에 등장하게 된 것은 1920년의 일이다.

피리 레이스는 어떻게 남극을 알았을까? 피리 레이스는 기원전 4세기경 알렉산더 대왕 시대부터 전해져 온 자료를 참고로 지도를 만들었다고 한다. 그 자세한 내막은 잘 모르겠지만, 이것이야말로 아틀란티스 문명을 뒷받침하는 초지식이었을지도 모르겠다.

[장소] 터키
[연대] 1513년
충격 정도 ★★★★
미스터리 정도 ★★★★
문명 수준 정도 ★★★

Piri Reis Map
△ 대서양 주변에 남극 대륙이 그려져 있는 것으로 보이는 '피리 레이스의 지도'

칼럼|과연 그렇구나! 초고대 문명학 ❹

대홍수는 정말로 있었을까?

☞ 전설의 거대 건축물은 실제로 존재했다!

초고대 문명을 멸망시킨 원인으로 가장 가능성이 큰 것 중 하나가 대홍수이다. 그와 관련된 전설은 세계 곳곳에 퍼져 있으며 그중에서도 『구약 성서』에 나오는 '노아의 대홍수'는 유명하다.

자신이 직접 만들어 낸 인간이 타락하여 지상에 악행이 만연하게 된 데에 화가 난 신은 홍수를 일으켜 인간을 멸망시키기로 한다. 그런데 정의감 넘치는 인물인 노아와 그 가족만은 살려 주기로 하고 상자 배를 만들도록 계시를 내린다. 노아와 가족은 신의 계시로 상자 배를 만들면서 사람들에게 대홍수가 닥칠 것임을 알리려고 했지만, 아무도 귀를 기울이지 않았다. 마침내 신의 예고대로 대홍수가 덮친다.

지상의 생물을 모두 멸망시킨 홍수는 40일간 밤낮으로 계속되어 높은 산마저 뒤덮고 무려 150일간이나 물이 빠지지 않았다. 상자 배를 완성했던 노아는 가족 이외에 온갖 동물 한 쌍을 싣고 홍수를 이겨 낸다. 그리고 물이 빠지기 시작한 후에 방주는 아라라트 산에 도달한다.

◀노아는 거대한 배를 만들어 온갖 동물 한 쌍을 싣고 대홍수에서 살아남았다.

👉 역시 홍수는 세계 각 지역에서 일어났다?

여기서 세계 각 지역에 전해지고 있는 홍수에 얽힌 신화를 간단히 소개하기로 하자.

- 그리스 신화……제우스의 분노를 산 인류는 홍수로 멸망을 맞게 되는데, 거신 프로메테우스의 자식인 데우칼리온과 그의 아내만이 아버지의 조언으로 커다란 상자를 만들어 그 안에 들어가 홍수를 피한다.
- 힌두교 성전(인도)……물고기로 변신한 최고신 비슈누는 현자 마누에게 7일 후 대홍수가 일어나니 배에 모든 식물의 종자와 7인의 성자를 싣고 대피하도록 조언한다.
- 아스테카 신화(멕시코)……홍수가 일어나 52년간이나 계속된다. 하지만 홍수가 일어나기 전에 신의 계시를 들은 한 쌍의 부부는 쿠프레수스(Cupressus, 율마) 줄기를 파낸 후 그 속에 들어가 재난을 피한다.
- 호피 족 신화(아메리카)……타락해서 창조주를 화나게 한 인류는 허락된 일부를 제외하고 홍수로 멸망한다. 허락된 사람들은 창조주의 심부름꾼이 만든 거대한 갈대 줄기 동굴에 숨어 육지에 도착할 때까지 표류한다.

이것은 홍수 전설의 극히 일부이다. 이 밖에 아일랜드, 멕시코의 마야 족,

▶ 물고기로 변신한 비슈누(Vishnu) 신이 대홍수를 알리는 장면을 그린 인도의 그림

페루의 잉카 족, 중국, 한반도, 인도네시아 등에서도 비슷한 이야기가 전해지고 있다. 게다가 그 대부분이 일부의 인간이 방주 또는 그것을 대신할 수 있는 것을 타고 표류하게 되는 형식의 이야기이다.

☞ 기원은 『길가메시 서사시』에 있었다!

홍수 전설이 이토록 널리 분포하고 있다는 것은 아주 옛날 지구 규모의 대홍수가 일어났었던 것으로 생각할 수밖에 없다. 실제 역사학, 고고학, 지질학은 각각의 분야에서 그 증거를 나타내고 있기도 하다.

예를 들면 『구약성서』에 등장하는 '노아의 대홍수'의 원형으로 여기는 사료가 있다. 그것은 고대 메소포타미아 신화인 『길가메시 서사시』에 나오는 홍수 이야기이다. 이 시는 영웅적인 길가메시 왕을 둘러싼 이야기로, 그는 기원전 2,600년경 수메르의 도시국가 우루크(지금의 이라크)에 실제로 존재했던 왕이다. 우루크 왕과 여신 사이에서 태어난 길가메시는 여행을 떠나 많은 모험을 펼치는데, 여행이 끝날 때쯤에 한 노인을 우연히 만난다.

◀ 『길가메시 서사시』의 주인공 길가메시. 사자를 맨손으로 때려잡아 죽일 만큼 힘이 세며, 일설에는 '거인족'이라고 한다.

그리고 그 노인으로부터 예전에 신이 일으켰던 홍수를 피하려고 방주를 만들었다는 이야기를 듣게 된다.

또, 메소포타미아 주변의 지질 조사에서는 기원전 3,600~3,500년경에 실제로 일어났던 홍수의 흔적으로 보이는 지층이 확인되었다. 게다가 우루크의 홍수의 흔적은 두께 1.55m에 이른다. 그것이 지구 전체를 뒤덮을 정도의 규모였는지는 알 수 없지만, 과거 대홍수가 있었던 것만은 사실인 듯하다.

☞ 태고의 지구에 방주가 존재했다?

대홍수는 실제로 있었다. 그렇다면 홍수 전설에 등장하는 '방주'는 어땠을까? '노아의 대홍수' 전설에서는 방주가 떠돌다 마침내 '아라라트 산'에 닿는다. 아라라트 산은 터키, 이란, 아르메니아 국경에 솟아 있는 표고 5,166m의 산이다. 사실 이 산에서는 지금까지 몇 차례나 방주의 잔해로 보이는 것이 발견되어 조사가 진행됐다. 먼저 1949년 해발 4,700m의 아호라 협곡에서 미국의 항공 전투기가 인공 건조물 같은 것을 촬영했다. 그리고 CIA(미국 중앙 정보국)에서는 그것이 거대한 선체 같은 것이라는 사실을 확인하고 아라라트의 이상 물체(Ararat Anomaly)라는 암호명을 붙여 조사를 진행했다.

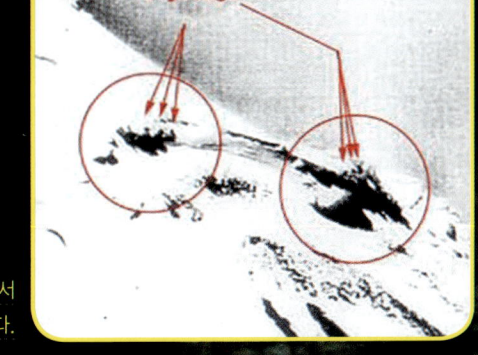

▶1949년 미국의 항공 전투기가 아라라트 산에서 촬영한 수수께끼 물체. 방주의 잔해로 추정되고 있다.

더욱이 1955년에는 터키의 항공 전투기가 해발 2,000m 지점에서 '배 모양의 지형'을 발견했다. 단, 이곳에는 1960년에 터키와 미국의 공동 조사대가 들어갔는데, 눈에 띄는 것은 발견되지 않았다.

또한, 2006년에는 미국에서 한 장의 위성 사진이 공개되었다. 아호라 협곡(Ahora Gorge) 지점에서 빙하에 묻힌 거대 건조물이 확인된 사진이다. 『구약 성서』를 따르면 방주의 크기는 길이 150m, 폭 23m, 높이 15m라고 한다. 한편, 아라라트의 이상 물체(Ararat Anomaly)는 길이 138m, 폭 23m, 높이 14m이다. 이 두 개는 거의 일치한다. 만일 이것이 노아의 방주라는 사실이 확인된다면 고대에 발생했던 대재해의 수수께끼가 풀릴지도 모르겠다.

◀아라라트 산에서 볼 수 있는 배 모양의 지형

◀2006년에 촬영된 위성 사진

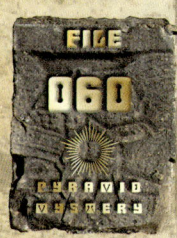

4,500년 이상의 역사를 지닌 세계 최고의 미스터리
대피라미드는?

대 피라미드는 이집트 북부 기자 지구에 세워진 세계에서 가장 유명한 역사적 건조물의 하나로, 3개의 피라미드는 '세계 7대 불가사의'에 포함된다. 이 중 가장 불가사의한 피라미드가 '쿠푸의 피라미드'이다. 기원전 2550년경 왕의 무덤으로 세워진 '쿠푸 피라미드(대피라미드)'는 높이 146m, 각 바닥 변이 230m로 완성하기까지 20년의 세월이 걸렸다고 한다. 내부에는 '왕의 방', '왕비의 방', '대통로' 등의 공간이 있으며, 왕의 방 바로 위에는 내부 공간이 무너지지 않도록 거석의 중량을 분산한 '중량 확산의 방'이 있다.

또한, 입구는 막혀 있었는데 9세기에 알 마문(Al-Mamun)이라는 사람이

◀저녁놀을 받고 있는 기자 지구에 세워진 피라미드. 위에서부터 쿠푸의 피라미드, 카프레의 피라미드, 멘카우라의 피라미드이다.

다른 구멍을 뚫어 안으로 들어갔다. 이 구멍이 현재 관광객이 드나드는 출입구가 되었다. 대피라미드는 쿠푸의 무덤으로 추정되고 있지만, 사실 중요한 유골이 발견되지 않았다. '왕의 방'에는 뚜껑이 없는 관이 있었을 뿐, 지금까지 그 관에 유체가 있었다는 증거가 없다. 이 사실은 알 마문의 기록에도 남아 있으며 도굴된 것은 아니라는 뜻이다. 또한, 이 피라미드가 쿠푸 왕의 것으로 추정되는 이유도 '왕의 방'의 천장 뒤편(중량 확산의 방)에 당시의 석공이 썼을 것으로 보이는 '쿠푸'라는 글자가 있었기 때문이다. 그래서 현재도 임시로 '쿠푸의 피라미드'라고 부르고는 있지만, 확실하다고는 할 수 없다. 피라미드의 진짜 목적으로는 해시계 설, 신전 설 등이 있지만, 그 어느 것에도 결정적 증거가 없다. 이 거대 건조물은 그야말로 미스터리 그 자체다.

▲ 쿠푸의 모습을 본뜬 작은 조각상. 왕의 모습을 현대에 전해 주는 것은 이것 하나밖에 없다.

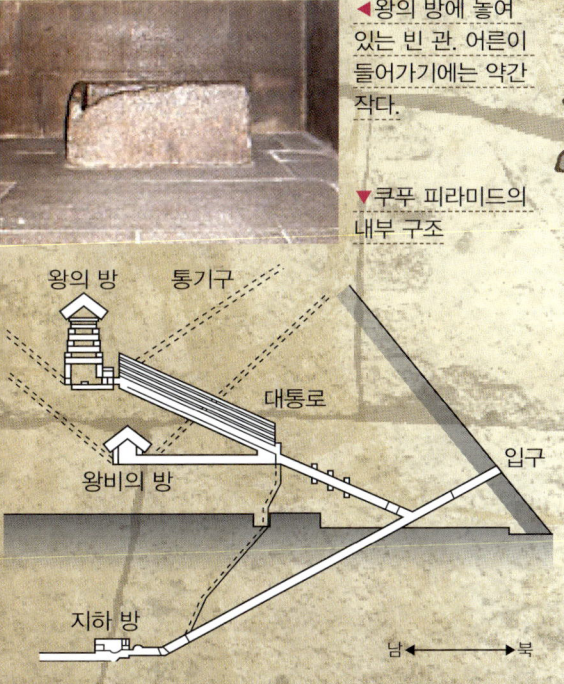

◀ 왕의 방에 놓여 있는 빈 관. 어른이 들어가기에는 약간 작다.

▼ 쿠푸 피라미드의 내부 구조

FILE 061

대피라미드는 하얗게 빛났다!
어떻게 만들었을까?

현재 대피라미드는 옅은 갈색의 석회암을 계단 모양으로 쌓아 올려 만든 것처럼 보이지만, 건조 당시는 훨씬 아름답고 웅장했다. 꼭대기에는 관석(Capestone(갓돌), 사각뿔 형태의 돌)이 놓여 있고 잘 닦인 흰색 석회암이 전체를 뒤덮고 있어서 햇빛을 받으면 눈부시게 반짝였다고 한다. 그것들은 후에 건축 재료로 반출되었기 때문에 안쪽 돌이 훤히 드러나 있다. 석재 하나의 평균 무게는 2.5톤, 사용 개수는 약 230만 개에 이르며, 210단에 걸쳐 쌓아져 있다. 그 건조 기술은 놀랄 정도로 정교하고 사각뿔 밑변 길이의 최대 오차는 불과 11cm, 네 개의 모서리도

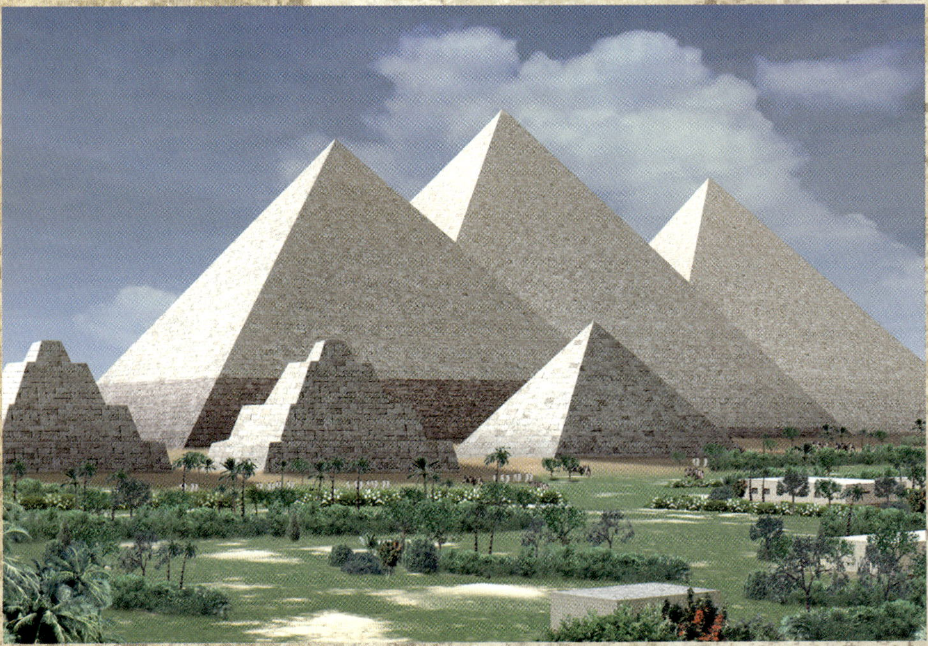

▲건설 당시의 3대 피라미드를 재현한 상상 이미지 삽화. 표면이 '화장석'이라고 불리는 흰색 석회암으로 뒤덮여 있어 햇빛을 강하게 반사했다.

거의 직각으로 정확하게 동서남북에 면하고 있다. 그것은 그렇다 치고 어떻게 해서 대량의 석회암을 쌓아 올렸을까? 이와 관련된 기록이 없어 아직까지 수수께끼로 남아 있다. 지금은 피라미드 바깥쪽에 일직선의 경사로를 마련해 석재를 썰매에 실어 끌어 올렸다는 설이 일반적이다. 썰매에 대해서는 당시의 그림이 남아 있어서 확실한데, 이것으로는 피라미드가 높아지면 높아질수록 긴 길이 필요하여 효율이 낮다. 그 길이는 무려 1.6km에 이르는데, 채석장은 피라미드에서 500m 떨어진 장소에 있었다.

또한, 피라미드 바깥 둘레를 따라 소용돌이 모양으로 경사로를 마련한다면 긴 경사로를 만들 필요는 없지만, 이것으로는 피라미드의 모서리를 돌 때 충분한 공간이 없으면 굴러떨어질 위험이 발생한다.

제5장 대피라미드 까지 수수께끼

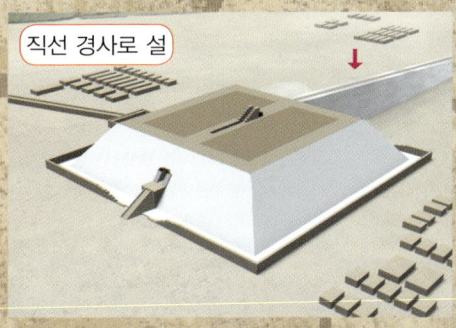

직선 경사로 설

▲이집트의 피라미드 꼭대기에는 이러한 관석이 얹혀 있었다고 한다.

소용돌이 경사로 설

▲대피라미드 건조법에 관한 가설에는 이 두 가지 방법이 추정되고 있다.

▲카프레의 피라미드 꼭대기에는 표면이 매끄러운 석회암이 남아 있다.

FILE 062 PYRAMID MYSTERY

건축 방법의 모순에서 도출된 새로운 가설!

내부에 미지의 터널이 있다?

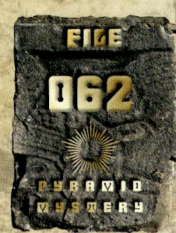

2009년 프랑스의 건축가 장 피에르 우댕(Jean-Pierre Houdin)은 대피라미드의 건축 방법으로 새로운 가설을 주장한다.

가설을 뒷받침하는 근거의 하나는 프랑스의 물리학자 위 두엉 뷔(Huy Duong Bui) 박사의 분석 결과다. 박사가 대피라미드의 바깥쪽과 안쪽을 수백 곳에 걸쳐 중력계로 조사한 결과, 내부에 전체 용량의 15%에 해당하는 빈 곳이 있음이 밝혀졌다.

이는 밝혀진 것 이상으로 미지의 공간이 더 있음을 의미한다. 여기서 우댕이 주장한 가설이 바로 '내부 터널 설'이다. 건축가인 우댕이 보기에

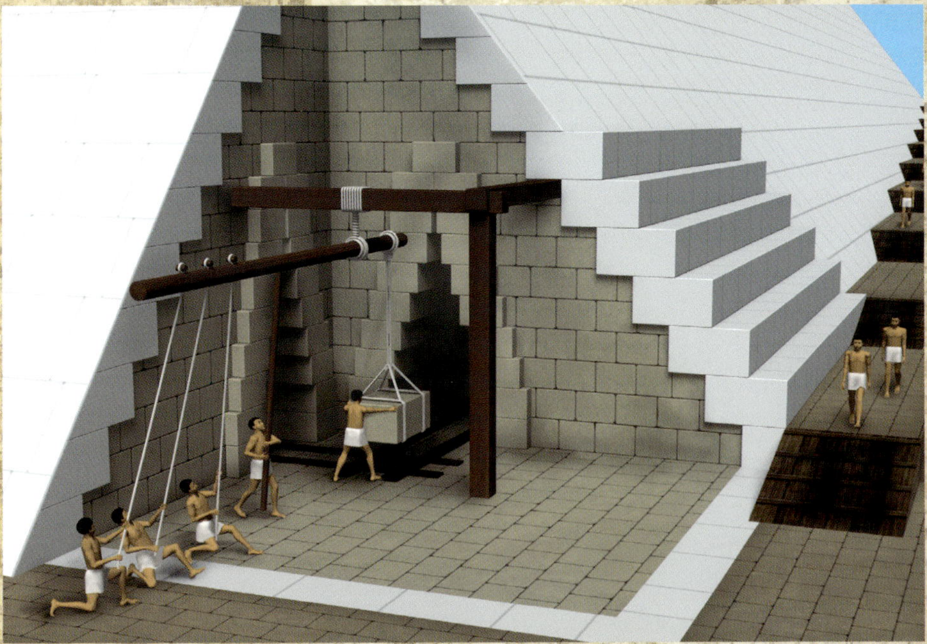

▲터널을 만들어 피라미드를 쌓는 방법을 재현한 삽화. 이 경우 모서리 부분에 충분한 공간을 확보할 수 있어 석재를 운반하기 쉬워진다.

지금까지 알려진 건축 가설에는 이해하기 어려운 점이 있었다. 그런데 피라미드 내부에 터널이 있다고 가정하면 원활하게 피라미드를 지을 수 있었을 것이다.
아직 밝혀지지 않았지만 터널은 내부에 남아 있을 것으로 생각했다. 내부 터널 설에 따르면 돌을 쌓는 순서는 다음과 같다. 먼저 직선 경사로로 대피라미드의 3분의 1 높이까지 완성한다.
그런 다음 내부 터널을 통해 소용돌이 상태로 돌을 운반한다. 모서리는 개방된 층계참으로 되어 있어서 크레인을 사용해서 돌을 방향 전환한다. 그런데 대피라미드에서는 아직 이런 터널이 있음을 보여주는 공간이 발견되지 않았다. 부분적으로 파괴할 수는 없으므로 석재 내부를 들여다볼 수 있는 미래의 기술이 나타나기를 기다리는 수밖에 없다.

▲내부 터널 설에 의한 대피라미드의 건축 모습

◀터널이 있다면 소용돌이 모양으로 그 자취가 남아 있을지도 모른다.

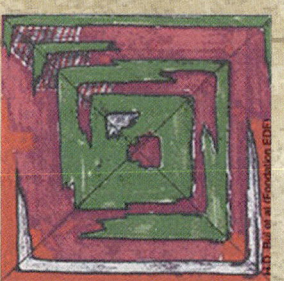

◀1988년에 위 두잉 뷔 박사가 대피라미드를 중력계로 조사한 결과, 소용돌이 모양으로 공간이 형성되어 있음이 밝혀졌다.

통기구 너머에 있는 미지의 공간을 찾다

그 밖에도 다른 비밀 공간이 있다?

대피라미드에는 더 많은 미지의 공간이 있을지도 모른다. 1993년 '왕비의 방'에 있는 작은 구멍 너머에 미지의 방이 있을 것이라 생각한 독일 기술자 루돌프 칸텐브링크(Rudolf Gantenbrink)가 검증에 나섰다. 이 구멍은 '통기구'로 알려졌으며, 왕의 방에서도 볼 수 있는 20cm 크기의 작은 구멍이다. 밀폐된 피라미드 내부로 공기를 끌어들이기 위한 것으로 추정된다. 하지만 왕비의 방에 있는 구멍 두 개는 밖으로 통하지 않으므로 통기구의 역할을 할 수 없다.
이 구멍의 의미는 뭘까?

▲통기구 안쪽 깊은 곳에서 발견된 돌로 만들어진 문. 구리로 만들어진 부속품은 문 손잡이로도 보이지만, 밀거나 당긴다고 해서 열 수 있는 문은 아니었다.

이에 루돌프 칸텐브링크는 구멍에 리모컨 방식의 로봇을 집어넣어 안을 살펴보았다. 그러자 거기에 구리 손잡이가 달린 돌문이 있었다. 2002년에는 이집트 고고청과 미국의 내셔널 지오그래픽 협회가 공동으로 조사를 시행했고, 그 결과 놀랍게도 손잡이의 작은 구멍 너머에는 4,500년이나 되는 세월 동안 누구의 눈에도 띄지 않았던 작은 공간이 발견되었다.

게다가 2011년에는 이집트 고고청과 영국 고고학자 팀에 의해 이 작은 방의 바닥과 벽에서 붉은색으로 그려진 불가사의한 마크와 상형 문자 같은 것이 발견된다. 이것들이 무엇을 의미하는지는 밝혀지지 않았다.

이 공간은 무슨 목적으로 만들어졌던 것일까? 또한, 피라미드에는 미지의 공간이 더 있을까?

수수께끼는 한둘이 아니다.

▲「왕의 방」에서 연결된 통기구는 밖에서 출구를 찾을 수 있다.

▲2002년에「왕비의 방」에 있는 통기구를 통해 로봇을 집어넣어 조사한 학자들

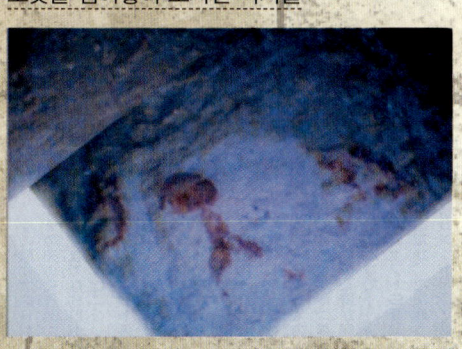

▶통기구 안쪽 공간에서 발견된 수수께끼의 그림 문자. 그런데 사람이 들어갈 수 있을 정도의 공간은 아니었다.

3대 피라미드와 오리온자리의 위치는 같다?
건축 연대의 비밀

대 피라미드가 만들어진 것은 약 4,500년 전인데, 그 연대와 관련해서 한 가지 의문점이 있다. 그것은 기자 지구에 세워진 3개의 피라미드의 배치에 관한 미스터리이다.

1994년 작가 로버트 보발(Robert Bauval)은 3대 피라미드와 오리온자리의 배치가 매우 비슷하다는 점을 발견했다. 고대 이집트는 예부터 별에 대한 신앙이 발달하여 고도의 천문 지식을 가지고 있었기 때문이다. 그런데 잘 살펴보니 약간의 오차가 있었다.

사실 천체를 보는 방법은 시대에 따라 변한다. 현대와 고대의 관측 방법이 약간 달라서 로버트 보발은 컴퓨터를 사용해 오리온자리의 3개의 별과 3대 피라미드가 정확하게 같은 위치에 겹치는 시기를 계산했다.

그랬더니 그 연대는 기원전 1만 450년이었다. 이집트 문명이 부흥하기 훨씬 전의 일이다.

더욱이 만약 1만 2,450년 전이라고 하면 아틀란티스가 멸망한 것으로 추정되는 시기와 거의 일치한다.

고대 이집트 문명이 시작되었을 무렵 이미 3대 피라미드가 세워져 있었다는 얘기일까?

하지만 오리온자리의 세 별의 밝기와 피라미드 크기가 꼭 일치하는 것은 아니다.

한편 오리온자리가 아니라 백조자리 별[델타(Delta), 사드르(Sadr), 기에나(Gienah)]에 대응한다는 새로운 가설도 있어 수수께끼는 여전히 남아 있다.

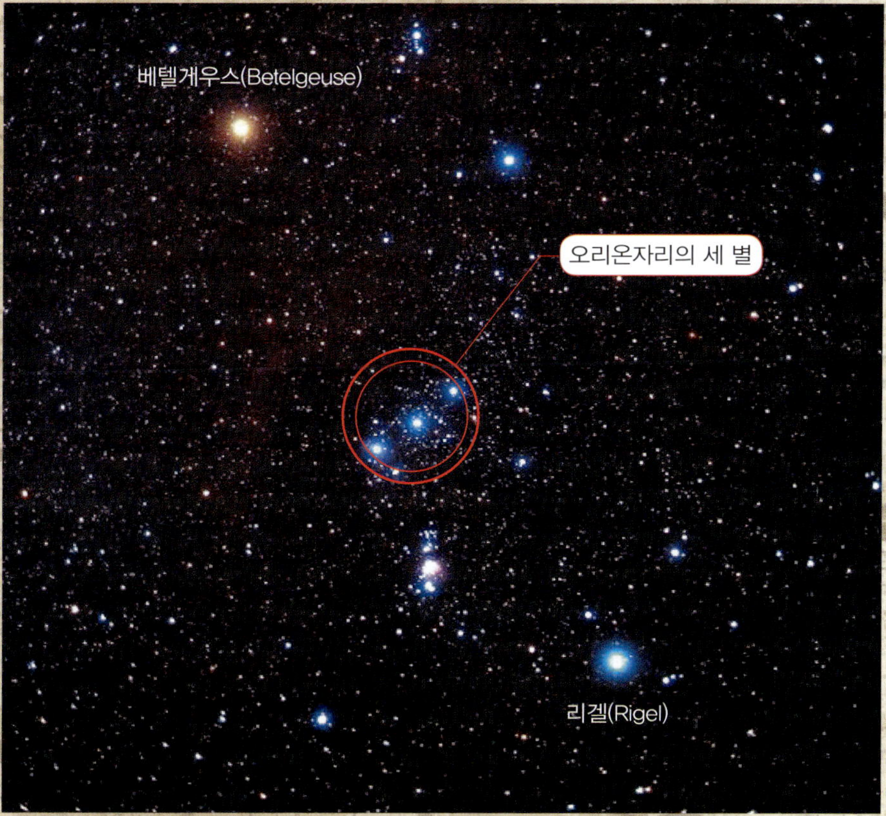

베텔게우스(Betelgeuse)

오리온자리의 세 별

리겔(Rigel)

제 5 장 대피라미드 7가지 수수께끼

▲겨울을 대표하는 별자리인 오리온자리. 그 중앙에 위치하는 세 개의 별은 왼쪽부터 '알니타크(Alnitak)', '알니람(Alnilam)', '민타카(Mintaka)'라고 불리는 별로 이루어졌다.

▲3대 피라미드와 오리온자리의 배치는 비슷하지만 아주 약간 다르다.

◀고대 이집트의 별자리 그림. 예부터 별에 대한 신앙이 깊었다.

대피라미드에는 알 수 없는 힘이 깃들어 있다?
신비한 피라미드 파워

오랫동안 대피라미드에는 미지의 힘이 깃들어 있다고 믿었다. 1930년대에 프랑스의 앙투안 보비(Antoine Bovy)는 밑변이 90cm인 피라미드 모형을 만들어 왕의 방에 해당하는 위치에 죽은 쥐를 놓아두었더니 죽은 쥐가 썩지 않고 며칠 후 미라가 되었다고 한다. 그 후 많은 사람이 마찬가지로 모형을 만들어 실험했는데, 신선한 식품이 오래 보존되거나 낡은 면도날이 새것처럼 바뀌는 등의 결과가 나왔다.

▲ 고대부터 피라미드의 형태는 비밀의 힘이 깃든 도형으로 여겨져 왔다. 미국 달러에도 강력한 힘을 상징하는 피라미드가 그려져 있다.

또 커다란 모형 내부에 들어간 인간도 정신이 맑아지거나 명상 상태에 빠지는 등의 효과를 얻었다.

미지의 힘은 마침내 '피라미드 파워'라고 불리며, '미지의 우주선을 불러들이는 힘', '공간의 뒤틀림을 수정하는 힘' 등의 여러 가지 설을 낳게 했다. 한편 '왕의 방'에는 자성이 강한 화강암이 사용되었다는 점에서 전자기와 관련한 특수한 예라는 설도 있으나 진상은 알 수 없다. 고대에 아틀란티스와 같은 초능력 문명이 있었다면 그들은 그 힘을 더욱 커지게 하려고 피라미드를 세웠을까? 그리고 '왕의 방'은 피라미드 파워를 충전하기 위한 장소였고, 대피라미드는 그런 목적에 따라 세워진 거대한 장치였던 것은 아닐까?

▲피라미드 파워를 발견한 앙투안 보비(Antoine Bovy)

▲피라미드 모양의 수정은 신비한 힘이 깃들어 있다고 해서 점을 칠 때 사용되기도 한다.

▶피라미드에는 미지의 힘이 깃들어 있다? (프랑스 루브르 박물관)

피라미드 건축 기술은 세계 곳곳에 퍼져 있었다?
바다를 건너간 피라미드

대피라미드는 이집트 사상 최대의 건축물이다. 하지만 피라미드라고 불리는 건축물은 사실 세계 여러 지역에서 발견되었다. 시대와 지역은 다르지만, 하늘을 향해 솟은 독특한 모양만큼은 다르지 않다. 예를 들면 다음과 같은 유적이 있다.

- 중동…사각형 바닥부가 여러 층으로 겹쳐지고 꼭대기에 신전이 세워진 수메르 문명의 지구라트(Ziggurat)라고 불리는 건축물.
- 중앙아메리카…마야나 아스테카 문명에서는 돌을 쌓아 피라미드 모양의 기반을 만든 후 꼭대기에 신전을 세운 건축물이 수없이 많다.
- 동남아시아…인도네시아의 보로부두르 등 계단 모양으로 세워진 건축물.

▲인도네시아 자바 섬에 세워진 거대 불교 사원 '보로부두르'. 총 9단의 층으로 이루어진 거대 피라미드이다.

이러한 점과 관련하여 피라미드 건축물은 우연히 각 지역에 건설된 것이 아니라, 과거 인류는 공통적인 문명을 가지고 있었으며 그 기술이 바다를 건너 전해졌다고 생각하는 사람이 있다.

동남아시아에서 의사로 활약하는 스티븐 오펜하이머(Stephen Oppenheimer)는 동남아시아에 있었던 무 대륙과 같은 거대 문명이 빙하기 후기(약 1만~6,000년 전)의 대홍수로 멸망했고, 거기서 살아남은 사람들이 피라미드 건축 기술을 익혀 서방 세계로 건너갔다고 생각했다. 대홍수에서 살아남은 사람들은 신천지에서의 평화로운 미래를 바랐을 것이다.

무서운 홍수라는 재해를 가져온 신의 자비를 기원하며 하늘 높이 솟은 계단을 구축했다. 어쩌면 지난날 자신들이 살았던 도시의 모습을 재현하고 싶다는 희망의 발로가 피라미드를 짓는 동기나 의지가 되었을지도 모른다.

▲중동 이라크에 있는 우르의 지구라트(Ziggurat), 예전에는 꼭대기에 신전이 세워져 있었다.

▲멕시코의 테오티우아칸(Teotihuacan) 유적에 있는 '달의 신전'

▲영국의 '실버리 힐(Silbury Hill)'은 피라미드 모양의 무덤이다.

▲아프리카 대륙 서북에 떠 있는 테네리페(Tenerife) 섬의 귀마르(Guimar) 피라미드

칼럼 | 과연 그렇구나! **초고대 문명학 ❺**

경이로운 세계 7대 불가사의

☞ 전설의 거대 건축물은 실제로 존재했다!

현재 우리가 볼 수 있는 고대 유적 가운데 건설 당시의 모습을 그대로 간직한 것은 거의 없다. 오랜 세월과 더불어 벽면 본래의 색채는 바래지고 비바람에 노출되어 풍화되고 있으며, 더욱이 전쟁이나 지진으로 파괴된 것도 있다. 하지만 그중에 현재는 상상도 할 수 없을 정도로 거대했던 건축물이 있다고 한다. 지중해 일대를 대표하는 거대 유적을 '세계 7대 불가사의'로 부르는데, 고대 그리스 시대의 여행가 필론(Philon)이 『세계 7가지 경관』을 통해 이를 소개했다. 그 가운데 현존하는 것은 이집트의 대피라미드뿐이다. 이집트의 대피라미드에 대해서는 제5장에서 소개하였으므로 나머지 6개의 거대 건축물을 재현 삽화와 더불어 소개하겠다. 모두 흔적은 사라지고 없지만, 초고대 문명의 일단을 보여주는 수수께끼의 건축물들이다.

☞ 바빌론의 공중 정원 (이라크)

◀ '세계 7대 불가사의'를 소개한 수학자이자 여행가 필론(Philon)(기원전 260~기원전 180년)

'바빌론의 공중 정원'은 기원전 600년경 네부카드네자르(Nebuchadnezzar) 2세에 의해 신바빌로니아 왕국의 수도 바빌론에 만들어진 거대 정원이다. 다른 나라 출신의 왕비를 위로하기 위해 만든 것이라고 한다. 400m 사방의 기반 위에 한 층의 높이가 무려 15m나 되는 테라스를 여러 층 쌓은 것으로, 최상부의 높이는 110m였다고 한다. 규모가 상당히 거대해서 멀리서 보면 마치 공중에 떠 있는 것처럼 보여 '공중 정원'이라는 이름을 갖게 되었다. 각 테라스에는 많은 양의 흙이 쌓여 있고 다양한 꽃과 나무가 심어져 있으며, 식물이 메말라 죽지 않도록 정원 앞을 흐르는 유프라테스 강에서 퍼 올린 물이 사용되었다. 또한, 정원 최상부에 저수탱크를 마련하여 파이프를 통해 각 테라스에 물을 공급하거나 자동 살수기 등을 사용했던 것 같다. 2,600년이나 더 지난 그 옛날에 매우 수준 높은 기술이 있었다는 말이 된다. 그런데 공중 정원은 기원전 538년 아케메네스 왕조의 페르시아 제국이 침공하면서 파괴되고 말았다. 현재 그 유적지로 추정되는 유구가 발굴되었지만, 아직 '공중 정원'과의 관련성은 밝혀지지 않았다.

▶ 바빌론의 공중 정원을 재현한 삽화

☞ 에페소스의 아르테미스 신전 (터키)

에게 해 연안에 번성했던 도시 에페소스에서 달과 수렵의 여신인 아르테미스를 모신 신전이 있었다. 완성은 기원전 550년경으로 추정된다. 신전은 모두 대리석으로 이루어져 있으며 그 규모는 길이가 110m에 폭이 55m나 되고, 12개의 돌기둥 높이는 18m였다고 한다. 게다가 장엄한 신전 내부에는 높이 15m의 거대한 아르테미스 조각상이 안치되어 있었다. 262년에 신전은 유럽에서 침입한 이민족에 의해 파괴되었고, 현재는 약간의 잔해와 기둥 몇 개만 남아 있을 뿐, 아르테미스 조각상도 발견되지 않았다.

☞ 올림피아의 제우스상 (그리스)

스포츠 축제 '올림픽'의 발상지로 알려진 올림피아에 존재했던 것으로 추정되는 것이 고대 그리스의 최고신 제우스를 본뜬 신상(神像)이다. 천재 조각가 페이디아스(Pheidias)가 기원전 430년경 제작하기 시작하여 완성하기까지 10년이 걸렸다고 한다. 값비싼 흑단과 보석, 상아를 박아 넣은 황금 왕좌에 앉아 있는 신상의 높이는 약 12m다. 삼나무로 만들어진 제우스의 신체 부분은 상아로 뒤덮여 있고 옷이나 장신구는 황금으로 만들어졌다. 오른손에는 승리의 여신인 니케 조각상, 왼손에는

◀ '에페소스의 아르테미스 신전'을 재현한 삽화

독수리가 앉아 있는 지팡이를 잡고 있었다고 한다. 게다가 이 신상이 자리한 '제우스 신전'의 완성은 기원전 456년이다. 넓이는 64m×27m로 34개의 원기둥이 지붕을 받치고 있다. 또한, 페이디아스에 의해 설계된 이 신전에는 어떤 장치가 숨겨져 있는데, 그것은 바로 신상 앞에 연못을 파서 올리브유를 섞은 물을 담아 놓은 것으로, 입구를 통해 햇살이 비춰 들어오면 연못 표면에서 빛이 반사하여 신상이 더욱 눈부시게 빛을 발하도록 했다. 394년 신상은 동로마 제국의 수도 콘스탄티노플(현재의 터키, 이스탄불)로 옮겨졌다. 그 후의 소식은 모르지만, 아마도 화재로 소실되었을 것으로 추정된다. 신전도 426년 동로마 제국에 의해 파괴되었다.

👉 할리카르나소스 마우솔로스 영묘(터키)

기원전 4세기경 에게 해 연안에 있었던 카리아(Caria) 왕국의 왕 마우솔로스(Mausolos)와 왕비의 유체를 안치한 것이 수도 할리카르나소스(Halicarnassus)에 세워진 마우솔로스 영묘다. '영묘'란 죽은 자의 영혼을 모시는 신전이다. 이 영묘를

▶ '올림피아의 제우스상'을 재현한 삽화

건설한 사람은 마우솔로스 자신이지만 완성을 보지 못한 채 죽어 버려서 왕비가 대신하여 건설을 진행했다고 한다. 기원전 350년에 완성한 영묘는 3층 건물로 높이 42m였다. 피라미드 모양의 지붕 위에는 거대한 마차 조각상이 있었다고 한다. 영묘는 15세기 초에 거듭되는 지진에 의해 무너지고 말았다. 1856년에 유적 일부가 발굴되었다.

로도스 섬의 거상(그리스)

과거 에게 해에 떠 있는 로도스(Rhodes) 섬의 만드라키 항구(Mandraki Harbor) 입구에 거대한 조각상이 세워져 있었다. 그것은 태양신 헬리오스의 거상이다. 기원전 290년에 완성한 거상은 청동제로 높이가 33m였는데, 받침대 높이가 15m이므로 실질적으로는 높이가 48m나 된다. 현재 미국 뉴욕 항구에 세워진 '자유의 여신상'의 높이가 약 46m이니 얼마나 거대했는지 짐작할 수 있을 것이다. 조각상 내부에는 나선형 계단이 마련되어 있고, 야간에는 양쪽 눈 안쪽에 있는 촛대가 붉게 타오른다. 또한, 오른손에는 뜨겁게 달군 기름을 담은

◀ '마우솔로스 영묘'를 재현한 삽화.
일찍이 이처럼 거대한 영묘는 없었다.

그릇을 항구로 침입한 적선에 쏟아붓는 장치가 고안되어 있었다고 한다. 하지만 거상은 기원전 224년의 지진으로 무너졌고 재건되지는 않았다. 1987년 로도스 섬 앞바다 수심 52m의 해저에서 석회암에 조각한 유물이 발견되었다. 그것은 세로 160cm, 가로 180cm, 두께 85cm, 무게 1톤의 거대한 것이었는데, 왼손을 주먹 쥔 형태였다고 한다. 이것이 과연 환상의 거상의 주먹인지 아닌지는 현재 결론이 나지 않은 상태다.

☞ 알렉산드리아의 등대(이집트)

알렉산드리아 앞바다에 있는 파로스(Pharos) 섬에 기원전 305년부터 20년에 걸쳐 세워진 것이 '알렉산드리아의 등대'이다.

등대는 석회암을 사용한 3층 구조로 높이는 최소 120m 정도 되었다고 한다. 내부에는 계단이 아니라 나선 형태의 언덕이 3층 등화실까지 이어져 있었다. 등대의 연료는

◀ 로도스 섬을 지키는 헬리오스상을 재현한 삽화

당나귀 등에 실어 이 언덕을 통해 운반했다는 이야기도 있다. 다만 연료가 무엇이었는지는 밝혀지지 않았다. 또한, 등화실에는 거대한 반사경이 있으며 이를 이용한 조명은 야간에 60km 너머까지 비췄다고 한다. 등대는 796년의 대지진으로 무너져 지중해에 가라앉고 말았다. 1994년 해저에서 거대한 석재가 발견되었는데, 이것이 등대의 일부분인지 아닌지는 아직 모른다.

참고로 필론이 선정한 '7대 불가사의'에 '알렉산드리아의 등대'는 포함되지 않았고 대신에 '바빌론의 성벽'이 포함되었었다. 그런데 '바빌론의 공중 정원'과 동일시되어 혼란을 초래하는 까닭에 후세에 '알렉산드리아의 등대'로 교체되었다고 한다.

▲ '알렉산드리아의 등대'를 재현한 삽화. 계단에 대해서는 여러 가지 가설이 있다.

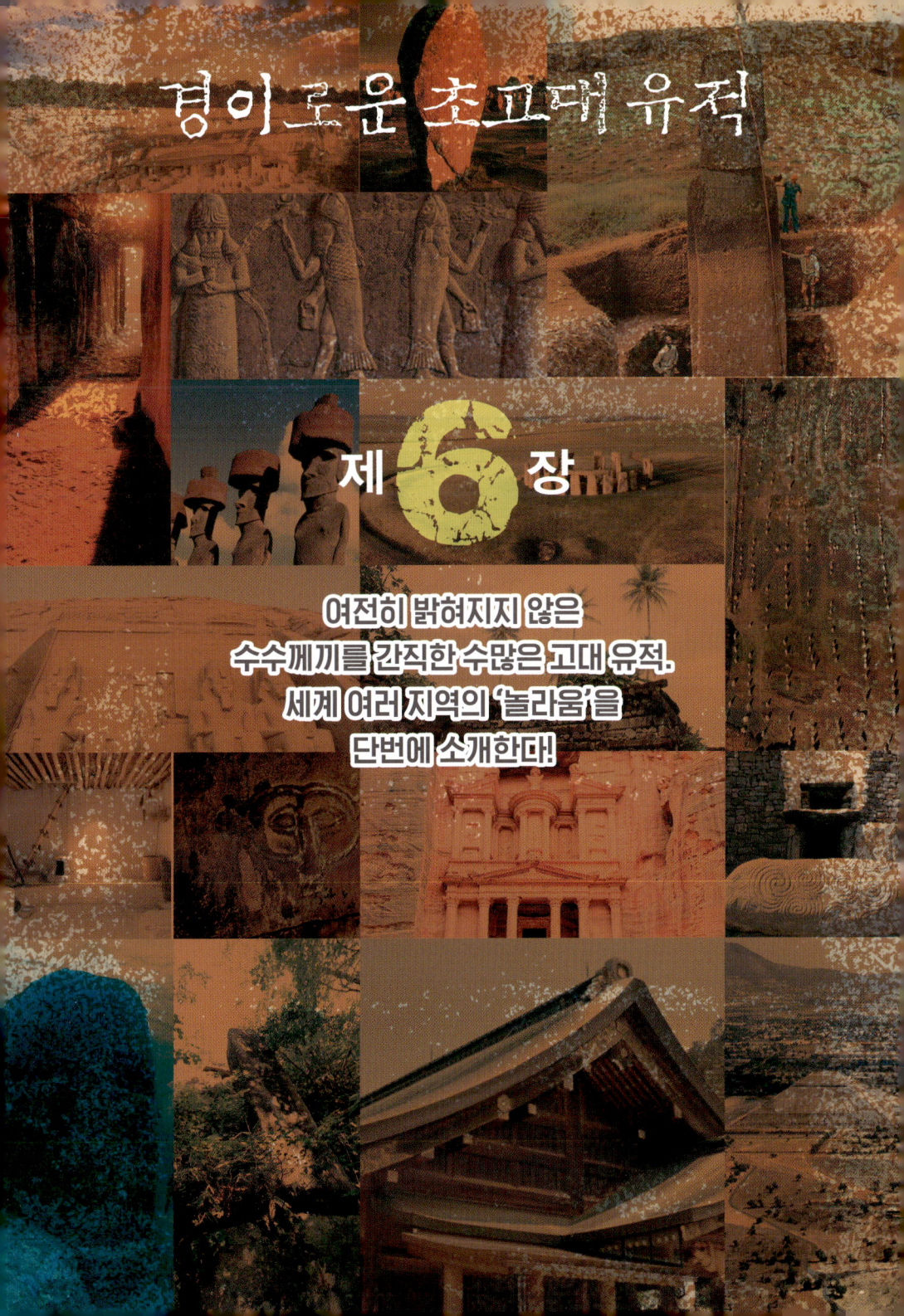

경이로운 초고대 유적

제 6 장

여전히 밝혀지지 않은
수수께끼를 간직한 수많은 고대 유적.
세계 여러 지역의 '놀라움'을
단번에 소개한다!

수수께끼의 석상이 암시하는 '잃어버린 문명'이란?

이스터 섬

[장소] 칠레
[연대] 4~17세기
충격 정도 ★★★★★
미스터리 정도 ★★★★★
문명 수준 정도 ★★★★★

▲이스터 섬 언덕 위에 세워진 모아이상. 일설을 따르면 마을의 수호신이라고 하는데 그 정체는 수수께끼다.

❶ 수수께끼의 섬에 세워진 석상들

칠레에서 서쪽으로 약 3,700km 떨어진 태평양 위에 떠 있는 이스터 섬. 가장 가까운 이웃 섬조차 약 1,600km나 떨어진 외딴섬이다. 사라진 무 대륙의 일부가 아닐까 하는 얘기도 있지만, 그 섬에서 수호신처럼 지금도 묵묵히 서 있는 것이 '모아이'라고 불리는 석상이다. 모아이상은 현재 밝혀진 것만도 섬 안에 약 1,000체가 있다고 한다. 총면적 약 163.6km² 밖에 안 되는 작은 섬치고는 놀라운 숫자다. 게다가 대부분 높이 4m가 넘고 무게는 무려 20톤. 더욱이 완성되지 못한 모아이 중에는 높이 20m, 무게 200톤에 가까운 것까지 있다고 한다. 도대체 누가 무슨 이유로 이런 것들을 만들고 어떤 방식으로 운반했을까? 유감스럽게도 그에 대한 해답은

제6장 경이로운 초고대 유적

▲2011년 몸통 부분이 발굴된 모아이. 보기보다 큰 모아이도 있는 듯하다

▲섬의 모아이상은 마을을 수호하듯 주로 연안에 세워져 있다.

아무도 모른다. 원래 '모아이'라고 하는 말이 무엇을 의미하는지조차 밝혀지지 않았다.

이 섬에 사람이 들어가 살기 시작한 것은 4~5세기경의 일이다. 모아이상은 섬의 화산재가 쌓여서 생긴 응회암을 이용해 조각한 것으로, 10세기경부터 800년에 걸쳐 만든 것으로 추정된다. 그런데 17세기가 되자 부족 간의 대립이 증가하고 석상을 만들기 위해 삼림도 모조리 벌채하고 말았다. 게다가 '천연두'라고 불리는 감염증이 퍼져서 전성기에 1만 명이나 되었던 인구가 언제부터인가 100명 정도로 확 줄었다고 한다. 섬의 역사를 이야기할 수 있는 사람은 이제 없다. 섬에 남겨진 문자 기록인 '롱고롱고(Rongorongo)'라고 불리는 문자도 아직 해독하지 못했다.

▲섬에 남아 있는 제작 도중의 모아이상

▲섬 해안에 배치된 모아이상에는 '푸카오'라고 불리는 빨간 모자를 쓴 것도 있다.

▶이스터 섬에서 독자적으로 발달한 '롱고롱고'라고 불리는 미해독 문자

❷ 섬의 신은 어디서 왔을까?

후에 롱고롱고 문자의 해독에 나선 인류학자 토머스 바르텔(Thomas Barthel)의 말을 따르면 쓰여 있는 내용 대부분은 신에 대한 기원과 섬의 신화 등이었다고 한다. 모아이 역시 축제나 묘 등의 종교적인 의미를 지니고 있었을 가능성이 크다.

▲ 섬의 동굴에 그려져 있는 신비한 마케마케

이스터 섬에는 다음과 같은 이야기가 전해진다. 그 옛날 섬은 '구름과 같은 흰옷을 입고 무지개로 테두리를 친' 왕이 다스리고 있었다. 왕은 '마케마케(Make Make)'라는 신을 믿었고, 그 신의 은혜로 섬 주민들은 '마나(Mana)'라는 영적인 힘을 얻었다. 모아이는 마나의 힘으로 스스로 걸을 수 있게 되었는데, 마침내 왕의 세력이 쇠퇴해서 마나의 힘이 없어지자 모아이도 걷기를 그만두었다고 한다.

이 전설을 토대로 스위스의 초고대 문명 연구가 에리히 폰 다니켄(Erich von Daniken)은 마케마케는 섬에 착륙한 우주인이고 마나는 그들의 초능력이 아니었을까 하고 주장했다. 많은 모아이상이 우주 저편을 바라보는 것처럼 보이는 것은 지구를 떠난 우주인을 그리워하는 것이 아니겠느냐는 설명이다.

또한, 사라진 무 대륙의 실재를 믿는다면 마나는 무에서 전해진 초능력의 일종이고 마케마케는 무에서 온 사람을 나타내는 것이라고도 생각할 수 있다. 절해의 고도에는 환상의 초문명의 실마리가 잠들어 있을지도 모른다.

제6장 경이로운 초고대 유적

일 년에 두 번, 신상에 아침 햇살이 비춘다!
아부심벨 신전

이집트 남부 나일 강 상류에 있으며 고대 이집트 왕인 람세스 2세(Ramesses II)가 세운 세계 최대의 바위굴 신전이 아부심벨(Abu Simbel) 대신전이다. 입구에 장식해 놓은 4체의 거대한 상은 모두 왕 자신을 나타내는 신상이다. 평소 컴컴한 신전 내부에도 4체의 신상이 나란히 배치되어 있다. 사실 이 신전에는 한 가지 장치가 되어 있는데, 왕의 탄생일인 2월 21일경과 왕좌에 즉위한 10월 21일경에 입구에서 들어오는 아침 햇살이 신전 내부까지 닿아 명계의 신을 응시하는 3체의 신상을 비춘다. 태양의 움직임을 정밀하게 활용한 이 유적은 세계 문화유산을 창설하는 계기가 되었다는 점에서도 유명하다.

▶ 아부심벨 대신전

[장소] 이집트
[연대] 기원전 1200년경
충격 정도 ★★★☆☆
미스터리 정도 ★★☆☆☆
문명 수준 정도 ★★★☆☆

▶ 대신전 입구에서 곧장 진행하면 보이는 방에 햇살이 비춘다. 왼쪽 끝이 명계의 신 프타(Ptah)다.

MEMO
1960년대의 댐 건설로 수몰될 뻔한 대신전은 세계 여러 나라의 지원으로 안전한 장소로 이전했으며, 이 공사를 계기로 유네스코 세계 문화유산이 창설되었다.

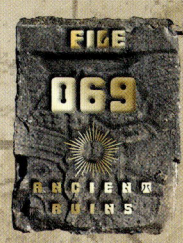

세계 최대급의 스톤 서클
에이브버리

영국 남부 윌트셔 주의 에이브버리(Avebury)에는 부근의 스톤헨지와 거의 같은 시기인 기원전 2600년경에 만들어진 것으로 추정되는 스톤 서클(원형 열석)이 있다. 그 지름은 400m 이상으로, 무게 1,000톤에 가까운 것도 발견되었다. 규모로 볼 때는 스톤헨지 이상이다. 설치 당시는 600개나 되는 거석이 세워져 있었다고도 하는데, 유감스럽게도 건설 자재로 반출되어 지금은 조금밖에 남아 있지 않다. 고고학적으로는 제사 의식을 거행하는 장소로 유골까지 발견되어서 무덤이었을 것으로 추측하지만, 본래의 목적은 밝혀지지 않았다.

제6장 경이로운 초고대 유적

▲ 원형 모양의 홈을 따라 거대한 돌들이 세워져 있다.

[장소] 영국
[연대] 기원전 2600년경
충격 정도 ★★★★★
미스터리 정도 ★★★★★
문명 수준 정도 ★★★★★

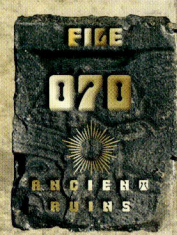

1,000년 지나서 완성한 수수께끼의 건축물
스톤헨지

영국 남부 윌트셔 주의 평원에 있는 스톤헨지는 약 4,500년 전에 형성된 스톤 서클(원형 열석)이다. 거석은 큰 것이 높이 4~5m, 가장 무거운 것이 50톤에 이른다. 오랜 시간 무슨 목적으로 만들어졌는지가 수수께끼로 남아 있어서 종교적인 기원 장소나 천문대, 태양계 모형 등과 같은 다양한 가설이 있었는데, 지금은 서서히 그 수수께끼가 풀리고 있다. 기원전 3000년경 이곳에 원형 울타리가 쳐지자 죽은 사람을 매장하는 무덤으로 사용되면서 무덤 앞에 표시물이 세워졌다고 한다. 그 자취는 지금도 스톤헨지를 둘러싼

[장소] 영국
[연대] 기원전 2500년경
충격 정도 ★★★★☆
미스터리 정도 ★★★★☆
문명 수준 정도 ★★★☆☆

Stonehenge
▼완성 당시의 거석은 원형으로 배치되었는데, 일부 소실되었다.

원형 울타리

형태로 남아 있다. 그로부터 500년 정도 지나 그때까지 있었던 표시물을 없애고 대신에 영국 서부의 웨일스에서 블루 스톤이라는 현무암이 운반된다. 그것들을 말발굽 형태로 배치하고 한층 거대한 사르센석이라는 사암으로 둘러싸 현재와 같은 모습이 되었다고 한다. 이 무렵 서클 중심과 유적 입구를 연결하는 직선이 동지의 일몰 방향과 겹쳐져 있었기 때문에 스톤헨지는 어느 사이엔가 대규모 축제나 제사를 거행하기 위한 시설로 바뀌었다. 하지만 기원전 1600년경 유럽 대륙에서 다른 문화를 지닌 사람들이 이주하면서 스톤헨지는 더는 사용되지 않았다.

1,000년 이상에 걸친 단계적 건설이 영국을 대표하는 신비한 고대 유적을 창출한 것이다. 지금도 이곳을 성스러운 장소라고 느끼는 사람은 적지 않다.

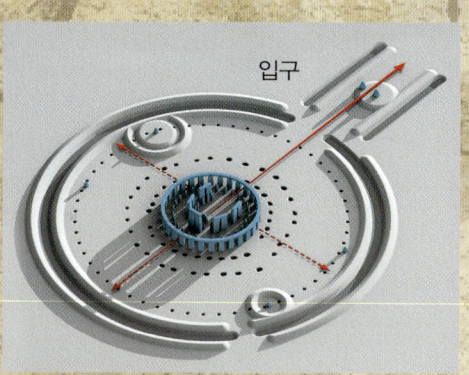

▲스톤 서클을 재현한 삽화. 전체의 배치는 일출이나 일몰의 방향을 계산해서 설계되었다.

▲블루 스톤은 굳이 240km나 떨어진 장소에서 운반됐다.

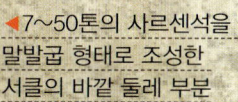

◀7~50톤의 사르센석을 말발굽 형태로 조성한 서클의 바깥 둘레 부분

고대 초능력 문명의 존재를 나타낸다?
카르나크 열석

▲ 커다란 돌이 직선 위에 나열된 카르나크 열석

프랑스 동부의 카르나크에는 유럽 최대의 거석 유적인 카르나크 열석군이 있다. 높이 1~6m의 거석 약 3,000개가 3km에 걸쳐 이어져 있다. 기원전 3300년경에 현재 규모의 열석이 되었을 것으로 추정된다.

최대의 수수께끼는 만들어진 목적이다. 기념비, 묘, 천문 관측 장치 등 다양한 가설이 있는 가운데 초고대 문명에 열광하는 팬들의 마음을 끌어당기는 것은 바로 레이 선(ley line) 설이다. 레이 선은 영국의 알프레드 왓킨스(Alfred Watkins)가 주장한 가설로, 고대의 무덤이나 교회 등의 성지가 일직선으로 나열된 것을 말한다. 그 아래는 대지의 에너지가 흐르는 통로가 있다고 한다. 풍수지리에서는 눈에 보이지 않는 '기'의 흐름(용맥)을 대지를 통해서 읽고 그 장소의 길흉을 판단하는 경우가 있는데, 레이 선 설이야말로 그것과 흡사하다.

최근에는 지자기(지구가 지닌 자기)의 흐름을 제어할 목적으로 거석을 나열해 놓았다는 설도 있다. 과거의 초고대 문명인이 초능력을 가지고 있었다면 그들은 그 보이지 않는 힘을 끌어낼 수 있었을 것이고 그리하여 문명의 발전에 도움이 되었을지도 모른다.

[장소] 프랑스
[연대] 500~900년
충격 정도 ★★★☆☆
미스터리 정도 ★★★★★
문명 수준 정도 ★★☆☆☆

제6장 경이로운 초고대 유적

Carnac Stones
▲상공에서 보면 돌을 나열한 방법에 어떤 의미가 담긴 것처럼 보인다.

동짓날에 빛이 내부를 비춘다!
뉴그레인지

아일랜드 동부 뉴그레인지(Newgrange) 유적은 기원전 3000년경에 세워진 원형의 석조 유적이다. 총 무게가 약 20만 톤이나 나가는 돌이 사용되었으며 내부에 좁은 통로가 있다. 무엇 때문에 만들어졌는지는 아직 밝혀지지 않았지만, 무덤이라는 설이 유력하다.

또한, 12월 동짓날이 되면 입구 위에 열린 1m 크기의 구멍을 통해 태양 빛이 들어와 딱 17분간 안쪽 깊숙한 방에 닿도록 설계되어 있다. 이런 점에서 천체 관측이나 태양을 숭배하는 종교적인 장소였을 가능성도 있다고 한다. 어쨌든 높은 천문 지식이 활용되었다는 점은 틀림없을 것이다.

[장소] 아일랜드
[연대] 기원전 3000년경
충격 정도 ★★
미스터리 정도 ★★★
문명 수준 정도 ★★★

▼ 5,000년 동안 땅속에 묻혀 있던 뉴그레인지 유적

▶ 동짓날 통로 바닥에 태양 빛이 와 닿는다.

▶ 통로 입구 부근에 소용돌이 모양의 커다란 돌이 놓여 있는데, 그 의미는 밝혀지지 않았다.

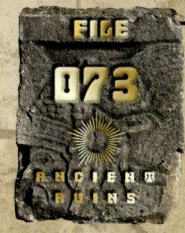

아메리카 대륙 최대의 고대 도시
테오티우아칸

테오티우아칸(Teotihuacan)은 '신들의 집'을 의미하는 아메리카 대륙 최대의 도시 유적으로 멕시코 중부의 고원에 있다. 기원전 100년경부터 건조가 시작되었고 전성기 인구는 15만 명이 넘었으며 많은 신전과 궁전, 저택 등이 늘어서 있었다. 그중에서도 무엇보다 시선을 끄는 것이 이집트의 대피라미드를 능가할 만큼 거대한 '태양의 피라미드'이다. 테오티우아칸 최대의 수수께끼는 이런 규모의 도시를 구축했음에도 불구하고 7~8세기에 멸망했다는 점이다. 게다가 문자 기록이 남아 있지 않아서 이유도 알 수 없다. 타민족의 침입 때문이었는지 아니면 환경 파괴에 의한 자멸인지 불가사의한 점이 많다.

제6장 경이로운 초고대 유적

◀ 왼쪽 피라미드가 '태양의 피라미드' 아래쪽에 있는 '달의 피라미드'의 앞쪽으로 '죽은 자의 길'이 뻗어 있다.

태양의 피라미드

[장소] 멕시코
[연대] 기원전 2~기원후 6세기
충격 정도 ★★★☆☆
미스터리 정도 ★★☆☆☆
문명 수준 정도 ★★☆☆☆

신화 속 괴물이 사는 거대 미궁
크노소스

그리스 신화에는 헤매지 않고 빠져나간 사람이 없을 만큼 복잡하게 얽힌 '라비린토스(Labyrinthus)'라고 불리는 미궁이 등장한다. 미궁은 왕비가 낳은, 머리는 소이고 몸은 인간인 괴물 미노타우로스(Minotauros)를 가두기 위해 왕의 명령으로 만들었다고 한다. 그것이 그리스의 크레타 섬에 실제로 존재하는 크노소스(Cnossus) 궁전이다. 궁전은 기원전 2000년경부터 에게 해에 번성했던 미노아 문명의 중심지에 있었다. 약 1,600개나 되는 작은 방이 3, 4층 높이까지 이어져 있고 복잡한 회랑과 길이가 다른 계단이 있었다고 한다. 그런데 기원전 1400년경에 무슨 이유에서인지 멸망하고 말았다.

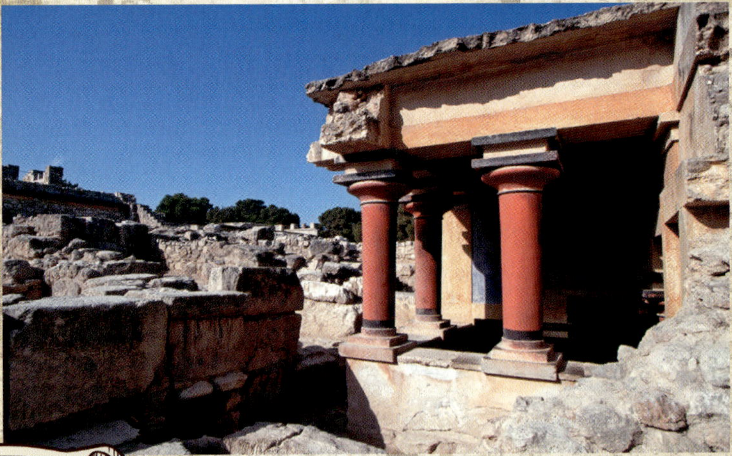

▶ 1900년에 영국의 고고학자 아서 에반스(Arthur Evans)가 발굴한 크노소스 궁전의 유적

[장소] 그리스
[연대] 약 4,000년 전
충격 정도 ★★★
미스터리 정도 ★★★
문명 수준 정도 ★★

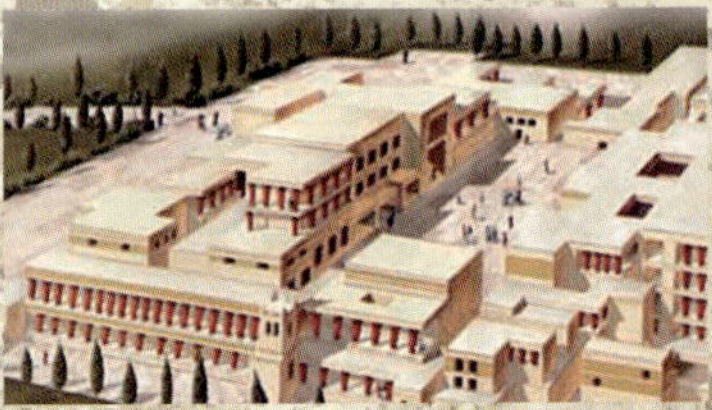

▶ 크노소스 궁전을 재현한 삽화. 복잡한 구조로 이루어진 미궁 그 자체였다.

집 출입문이 천장에 나 있었다?
차탈회위크

차 탈회위크(Catalhoyuk)는 터키 남부의 고원에서 발견된 기원전 7200년경의 유적이다. 세계에서도 가장 오래된 부류에 포함되는 이 도시에는 기묘한 점이 많다. 먼저 마을에 도로가 없다. 그리고 집들은 마치 벌집처럼 다닥다닥 붙어 있어 이웃집과 벽을 공유한다. 게다가 벽에는 출입문이 없다. 도대체 어떻게 드나들었을까? 아무래도 주민들은 지붕에 설치된 '오버헤드 도어' 형태의 출입문을 통해 밖으로 나와 사다리를 타고 거리로 나오거나 지붕을 타고 이웃집과 왕래했던 것으로 보인다. 이와 같은 구조를 하게 된 이유는 외적이 침입했을 때 몸을 지키기 쉬웠기 때문으로 추측된다.

제6장 경이로운 초고대 유적

◀ 발굴된 유적을 토대로 재현한 상상 이미지 삽화

◀ 재현된 실제 집의 내부 모습

[장소] 터키
[연대] 기원전 7200년경
충격 정도 ★★★★★
미스터리 정도 ★☆☆☆☆
문명 수준 정도 ★☆☆☆☆

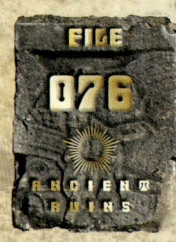

총 길이 400m에 이르는 뱀 모양의 거대 무덤
서펜트 마운드

미국 오하이오 주 브러시 크리크(Brush Creek) 강가에 '서펜트 마운드(Serpent Mound)'라고 불리는 뱀 형상의 불가사의한 무덤이 있다. 뱀의 길이는 약 400m, 몸통 부분의 폭은 약 6m나 된다. 뱀의 모습은 하늘에서 내려다봐야 비로소 형체를 알아볼 수 있다. 누가 왜 이런 무덤을 만들었는지 지금으로써는 알 수 없다. 가장 유력한 가설은 돌 제단이 발견되었다는 점에서 원주민이 종교의식을 거행하는 장소로 만들었을 것이라는 설이다. 또한, 뱀의 머리가 하지의 일몰 방향을 가리키고 꼬리가 동지의 일출 방향을 가리킨다는 점에서 천체 관측을 위한 표시였다는 설도 있다.

[장소] 미국
[연대] 1070년
충격 정도 ★★☆☆☆
미스터리 정도 ★★★☆☆
문명 수준 정도 ★★☆☆☆

▶ 현재는 공원이 된 서펜트 마운드. 방사성 탄소 연대 측정 결과 1070년경에 만들어진 것으로 추정되고 있다.

FILE 077

우주인이 수메르에 문명을 가지고 왔다?
우르

고대 메소포타미아(티그리스 강과 유프라테스 강 사이, 현재의 이라크 주변)의 남부에 있었던 수메르 인의 도시가 우르(Ur)이다. 5,000년 정도 전부터 사람들이 살기 시작했고 마침내 지구라트(ziggurat)라고 불리는 거대한 건조물이 세워졌다. 사실 이 수메르 인에게는 흥미로운 전설이 존재한다. 그 전설을 따르면 그들은 오안네스(Oannes)라고 불리는 신에게 문화를 전수받았다. 놀라운 사실은 그 신의 모습이 절반은 사람이고 나머지 절반은 물고기였다는 점이다. 이 오안네스가 실제로 존재했다면 그는 지구가 아닌 다른 행성에서 찾아온 우주인이었을 것으로 생각하는 사람도 있다. 메소포타미아 문명이 흥했던 이유는 다른 별에서 찾아온 생명체 덕분이었던 것일까?

제6장 경이로운 초고대 유적

◀신전은 무너지고 기반만 남은 우르의 지구라트

◀수메르 인에게 문화를 전수한 것으로 말해지는 오안네스(Oannes)

[장소] 이라크
[연대] 기원전 2000년경
충격 정도 ★★★★★
미스터리 정도 ★★★★★
문명 수준 정도 ★★★★★

바위산 깊은 곳에 펼쳐진 신비의 무역 도시
페트라

유목 민족 나바테아(Nabatea)인은 기원전 4세기경 중동 요르단의 사막지대에 정착하여 깎아지른 바위산에 도시 페트라를 세웠다. 페트라는 무역으로 번성했고 시가지에는 왕궁과 시장이 있었으며 주변 바위산에는 신전과 왕의 무덤이 있다. 유적 가운데 '알카즈네(Al Khazneh)'라고 불리는 건축물이 유명하다. '보물전'을 의미하는 이 건물 내부에는 무슨 이유인지 보물이 있었던 흔적이 없어 지금까지 수수께끼의 유적으로 여겨져 왔다. 최근 조사에서 지하에 숨겨진 공간이 발견되어 왕의 것으로 보이는 뼈가 발견되었다. 보물이란 왕의 유체를 말하는 것이었을까? 아니면 정말로 보물이 지하 깊숙한 곳에 숨겨져 있는 것일까?

[장소] 요르단
[연대] 1세기경
충격 정도 ★★★★★
미스터리 정도 ★★★★★
문명 수준 정도 ★★★★★

▶ 알카즈네는 장밋빛 사암을 파서 만든 건축물이다. 내부는 텅 빈 세 개의 방으로 나뉘어 있는데, 지금까지 그 사용 목적은 수수께끼로 남아 있다.

일 년에 두 번 하늘에서 신이 강림한다!
치첸 이차

치첸 이차(Chichén Itza)는 멕시코 동부 유카탄 반도에 있는 마야 문명의 유적으로 10~12세기에 가장 번성했다. 그 유적을 대표하는 것이 '쿠쿨칸 신전'으로 불리는 계단 모양의 피라미드이다. 쿠쿨칸은 날개 달린 뱀 신 '케찰코아틀루스(Quetzalcoatlus)'의 다른 이름이다. 이 신전은 춘분과 추분 날에만 넘실거리는 태양 빛이 계단에 닿아 신을 나타내는 뱀의 모습이 드러난다. 마야 문명은 고도의 천문 지식을 가지고 있었던 것으로 알려졌다. 쿠쿨칸 신전의 경우, 사방의 계단 수를 모두 합하면 364계단이고 거기에 꼭대기에 있는 신전을 더하면 마야력 1년인 365일을 나타낸다. 모든 것이 계산된 건축물이라는 뜻이다.

제6장 경이로운 초고대 유적

◀ 춘분과 추분에 쿠쿨칸이 나타난다는 치첸 이차의 신전

◀ 천문대라고도 불리는 천문 관측소와 같은 건물도 있다.

[장소] 멕시코
[연대] 9~12세기경
충격 정도 ★★★★★
미스터리 정도 ★★★★★
문명 수준 정도 ★★★★★

인류 사상 가장 오래된 종교 유적일까?
괴베클리 테페

터키 남동부에 있는 언덕 위에서 '괴베클리 테페(Göbekli Tepe)'라고 불리는 네 개의 원형 유적이 발견되었다. 조사 결과 이집트의 대피라미드보다 7,000년이나 이른 1만 1,500년 전에 만들어졌다는 사실이 밝혀졌다. 석조 건조물로는 세계에서 가장 오래된 것으로, 5~20톤의 돌기둥이 200개나 사용되었다. 수렵 채집을 하며 사는 사람들이 죽은 사람을 기리기 위해 만든 종교 시설이었을 것으로 추측된다. 신기한 점은 거대한 신전이 건설되었음에도 불구하고 주변에 사람이 정착해서 살았던 흔적은 물론이고 주거의 흔적도 발견되지 않았다는 사실이다. 일정한 곳에 자리를 잡고 살아야 문화나 예술이 꽃핀다고 하는 문명의 상식을 뒤집는 유적이다.

▶ 동물의 돋을새김이 있는 유적의 돌기둥

[장소] 터키
[연대] 약 1만 1,500년 전
충격 정도 ★★★★
미스터리 정도 ★★★★
문명 수준 정도 ★★★

▶ 괴베클리 테페를 재현한 삽화

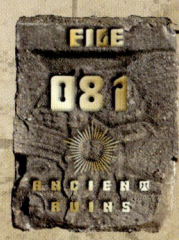

피라미드의 뿌리는 일본에 있었다?
아시타케 산

제6장 경이로운 초고대 유적

히로시마 현 쇼바라 시에 있는 아시타케 산(葦嶽山)는 꼭대기가 뾰족하게 보이는 아름다운 산이다. 그런데 사카이 카츠토키(酒井勝軍)라는 인물이 이와 관련해서 독자적인 가설을 제창했다. 1932년 사카이는 다음과 같이 서술하며 화제를 불러일으킨다. "아시타케 산은 약 2만 3000년 전에 만들어진 피라미드로 세계 각 지역 피라미드의 기원이 되었다."

물론 산 중턱에서 산꼭대기에 걸쳐 인공적으로 쌓아 올린 것처럼 보이는 바위가 군데군데 있다. 사카이의 견해로는 산이나 언덕의 지형을 잘 살리면서 부분적으로 사람의 손을 댄 것도 피라미드라는 얘기다. 만일 그것이 사실이라면 도대체 누가 무슨 목적으로 만들었을까?

◀ 산속에 솟아나 있는 인공적인 형태의 거석

◀ 피라미드 모양의 아시타케 산

[장소] 일본 히로시마 현
[연대] 약 2만 3,000년 전?
충격 정도 ★★★★★
미스터리 정도 ★★☆☆☆
문명 수준 정도 ★★☆☆☆

100m에 가까운 고층 건축물이었다?
이즈모타이샤

시마네 현 이즈모 시의 이즈모타이샤(出雲大社)는 '타이샤즈쿠리'라고 불리는 오래된 형식의 신사 건축 양식으로도 유명하다. 2013년에는 60년 만에 천궁(遷宮, 신전(神殿)을 고쳐 지을 때 신령(神靈)을 옮기는 일)이 시행되었다. 에도 시대 이후 본전의 높이는 약 24m로 신사로는 상당한 크기다. 그런데 전설을 따르면 이 신사가 창건된 신화 시대에는 본전의 높이가 약 96m나 되었다고 한다. 지금으로 따지면 거의 30층 건물에 상당하는 고층 건축물이었다는 얘기다. 2000년에 지름 1.4m나 되는 둥근 나무토막을 두 개 묶은 거대한 기둥의 흔적이 발굴되면서 전설이 사실이었을 가능성을 높였다.

[장소] 이즈모타이샤
[연대] 미상
충격 정도 ★★★★★
미스터리 정도 ★★★★☆
문명 수준 정도 ★★★☆☆

▲ 이즈모타이샤는 신화 시대에 100m에 가까운 높이로 지어졌다고 한다.

일본의 거석 오파츠
돌의 보전

효고 현 다카사고 시에 있는 오시코 신사(生石神社)에는 수수께끼의 물건이 있다. 그것은 '돌의 보전(寶殿, 신불을 모신 곳)'이라고 불리는 것으로, 높이 5.7m, 폭 6.4m, 깊이 7.2m, 무게가 500톤이나 되는 거대한 돌이다. 옛날 브라운관 TV와 비슷한 모양을 하고 있는데 이 거석은 언제, 누가, 무슨 목적으로 잘라 냈는지 전혀 밝혀지지 않았다. 신사에 전해지는 이야기로는 시마네 현의 이즈모에서 온 오쿠니누시노미코토(大國主命)라고 하는 신이 국토를 통치하는 데 적합한 돌의 보전을 만들 예정이었는데, 지금의 형태로 만들었을 때 반란이 일어나 중단한 상태 그대로 방치되었다고 한다.

제6장 경이로운 초고대 유적

◀일본에서는 커다란 돌이 신으로 모셔지는 일이 흔하다. 그중에서도 이 거석은 형태도, 유래도 미스터리다.

[장소] 일본 효고 현
[연대] 미상
충격 정도 ★★★★★
미스터리 정도 ★★★★☆
문명 수준 정도 ★☆☆☆☆

버려진 벼랑의 궁전
메사 베르데

미국 콜로라도 주에 있는 메사 베르데(Mesa Verde)는 스페인 어로 '녹색 탁자'를 의미하는 집락 유적군이다. 메사 베르데의 거주지가 벼랑 아래에 만들어진 이유는 12세기경 원주민인 아나사지 족(Anasazi Indians)이 외적의 침입에 대비해서라고 한다. 이 거주지는 '벼랑의 궁전(Cliff Palace)'으로 불리기도 한다. 약 220개의 방이 있고 가장 높은 장소는 4층 건물 높이다. 그런데 13세기 말에 메사 베르데에서 주민이 사라지고 말았다. 어째서 이토록이나 훌륭한 거주지를 버려야 했을까? 그 이유는 지금도 밝혀지지 않았다.

[장소] 미국
[연대] 12세기
충격 정도 ★★★☆☆
미스터리 정도 ★★★☆☆
문명 수준 정도 ★★☆☆☆

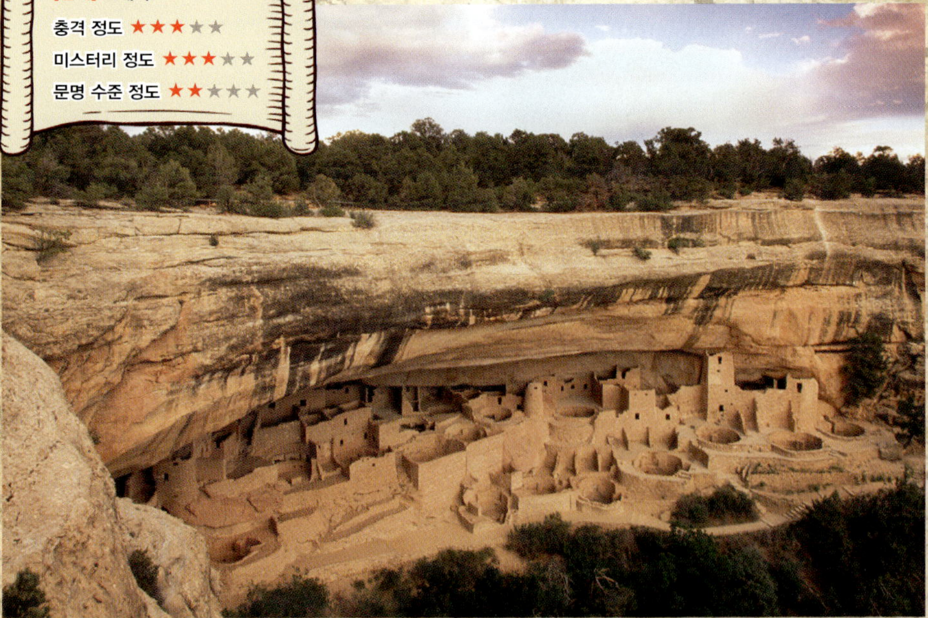

▲벼랑에 아도브(Adobe) 벽돌을 쌓아 올려 만든 집이 빽빽이 들어서 있다.

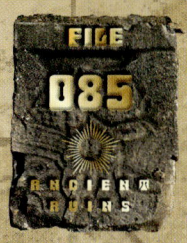

안데스 산속에 형성된 잉카의 공중 도시
마추픽추

1 911년 미국의 탐험가 하이럼 빙엄(Hiram Bingham)은 표고 약 2,500m의 산 위에서 폐허가 된 도시를 발견했다. 그 도시는 등 뒤쪽에 험한 봉우리가 솟아 있고 벼랑 위에 숨어 있어서 '공중 도시'라고 불리는 마추픽추다. 마추픽추는 종교적인 의식이나 태양 관측을 하는 장소로 15세기 잉카 제국 황제가 건설한 도시로 추측하고 있다. 16세기 스페인 군이 잉카 제국을 멸망시켰을 때도 고지대에 있었던 이 도시는 알려지지 않았다. 하지만 이곳에 살던 사람들은 이 땅을 버리고 산속 깊은 곳으로 사라져 버렸다고 한다. 그 이유와 더불어 아직까지 수없이 많은 수수께끼가 남아 있다.

제6장 경이로운 초고대 유적

[장소] 페루
[연대] 15세기
충격 정도 ★★★★☆
미스터리 정도 ★★★★★
문명 수준 정도 ★★★☆☆

▲페루의 우루밤바(Urubamba) 계곡에 있는 마추픽추 유적

삼림에 잠든 마야 문명 최대의 도시
티칼

중

앙아메리카 과테말라에 있는 티칼(Tikal) 유적은 마야를 대표하는 종교 도시의 하나이다. 신전 피라미드 등의 건축물이 적어도 3,000개 이상 되며, 마야 문명 중에서도 최대 규모를 자랑한다. 모두 8세기경에 세워졌는데 무슨 이유에서인지 9세기에 쇠퇴하기 시작하여 마침내 폐허가 되고 만다. 유적 대부분이 삼림에 뒤덮여 있어서 아직 발굴되지 않은 건축물도 꽤 많다. 유적 중에서도 특히 시선을 끄는 신전 피라미드는 내부에서 유골이 발견되었다. 이로써 마야의 피라미드 건축물 대부분이 무덤으로 만들어졌을 가능성이 높아졌다.

[장소] 과테말라
[연대] 기원전 4~9세기
충격 정도 ★★★★★
미스터리 정도 ★★★★★
문명 수준 정도 ★★★★★

▼높이 50m 정도나 되는 티칼의 제1신전(왼쪽)과 제2신전. 그 옛날, 왕은 이 신전에서 지상을 내려다보며 축제를 벌였다.

태양을 관측하는 천문대였다!
찬킬로

남 아메리카의 페루 북서부 해안에 있는 찬킬로(Chankillo) 유적은 '13개의 탑'이라는 다른 이름으로도 불리며 많은 건물과 광장, 요새, 신전 등을 포함하고 있다. 2007년의 조사로 찬킬로는 약 2,300년 전에 형성된 아메리카 대륙에서 가장 오래된 태양 관측소라고 한다. 명칭 그대로 늘어서 있는 13개의 탑이 관측소인데, 그 앞의 관측 지점에서 일출을 보면 왼쪽에 있는 탑이 하지의 태양, 오른쪽에 있는 탑이 동지의 태양과 겹치는 때가 온다. 남아메리카에 번성했던 후세의 잉카 제국은 태양을 숭배하며 태양의 관측에도 힘을 기울였다. 그들의 천문 지식의 뿌리는 찬킬로였는지도 모른다.

제6장 경이로운 초고대 유적

◀ 찬킬로 유적의 천문 관측소

관측 지점

◀ 성벽으로 둘러싸인 요새 같은 찬킬로 유적의 건축물

[장소] 페루
[연대] 2,300년 전
충격 정도 ★★★★★
미스터리 정도 ★★★★★
문명 수준 정도 ★★★★★

폐허가 된 비밀의 해상 도시
난마돌

서 태평양의 미크로네시아에서 가장 큰 폼페이 섬 앞바다에 난마돌(Nan Madol) 유적이 있다. 현무암 석재를 조합한 인공 섬에는 운하가 이어져 있으며 넓은 범위에 걸쳐 100개 가까이 흩어져 있다. 늦어도 11세기경에는 건설이 시작되었을 것으로 여겨지는데, 정확한 기원은 모른다. 이 일대는 성지로 추정되고 있으며 육상에서 바위를 운반하여 인공 섬을 만든 것이다. 이들 현무암이 마법의 힘으로 채석장에서 운반됐다는 그럴싸한 전설도 남아 있다. 이런 초능력이 진짜라면 무 대륙이 멸망할 때 살아남은 사람들이 이 지역으로 흘러들어 와서 구축한 도시 중 하나였을 가능성도 있다.

[장소] 미크로네시아
[연대] 11세기경?
충격 정도 ★★☆☆☆
미스터리 정도 ★★★☆☆
문명 수준 정도 ★★☆☆☆

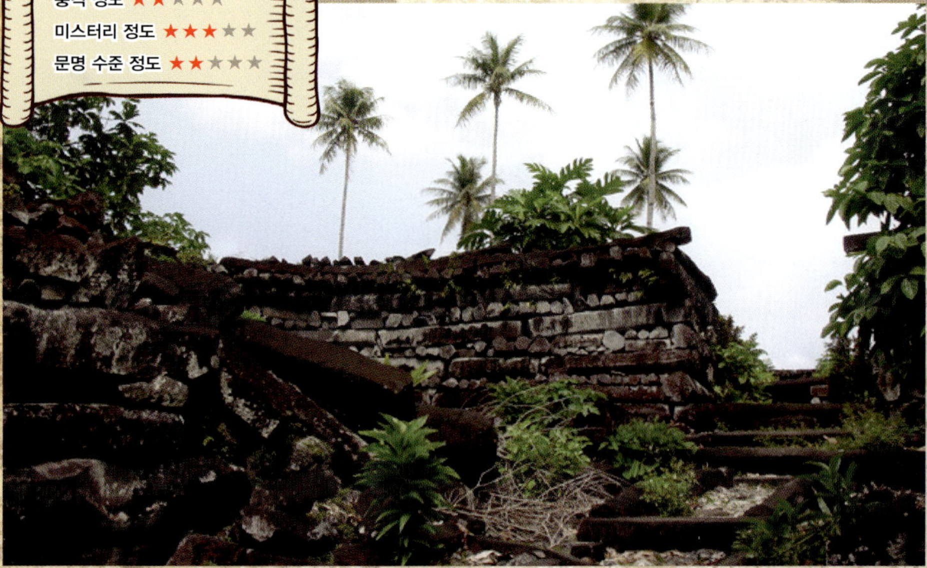

▲난마돌은 과거 왕국의 도시로 20만 명이나 되는 주민이 살았다고 하는데, 현재는 폐허가 되었다.

오키나와에 가라앉은 태고의 문명?
요나구니지마 해저 유적

오키나와의 요나구니지마 주변 해저에는 유적으로 보이는 수수께끼의 지형이 있다. 그 규모는 동서 약 250m, 남북 약 150m, 고저 차가 약 25m이다. 거대한 바위가 계단 모양으로 이루어져 있어서 복잡한 도시 유적다운 모습을 보인다. 지질학자인 기무라 마사아키 박사는 이 지형이 인공적으로 만들어진 유적이라고 생각했으며, 건조 연대는 1만 년에서 1만 3,000년 전으로 추정했다. 당시는 주변 해역이 육지였기 때문이다. 박사의 추측이 맞는다면 이 '요나구니 해저 유적'은 세계에서 가장 오래된 문명이라는 얘기가 된다. 또한, 1만 년 전이라는 점에서 사라진 무 대륙의 일부로 생각할 수도 있다.

제6장 경이로운 초고대 유적

◀ 계단 형태의 지형이 남아 있는 요나구니지마 해저 유적

◀ 주변에는 이스터 섬의 모아이상과 비슷한 암석도 있다.

[장소] 일본 오키나와 현
[연대] 1만~1만 3,000년 전
충격 정도 ★★★★★
미스터리 정도 ★★★★☆
문명 수준 정도 ★★☆☆☆

영원한 생명을 찾아 만든 지하 궁전
진시황릉

중국을 최초로 통일한 진나라 시황제는 약 2,200년 전 산시 성(陝西省) 시안 시 북서쪽에 자신의 무덤을 만들게 했다. 그리고 약 350m, 높이 약 76m의 언덕을 쌓게 하여 그 밑에 사후에 머물기 위한 장대한 궁전을 설계했다. 역사서에 의하면 천장에는 보석과 진주로 새긴 별자리가 반짝이고, 바닥에는 중국의 산들을 본뜬 모형이 나열되어 있다. 게다가 모형의 산 사이를 흐르는 수은의 강에는 황금으로 만든 꿩이 떠 있다고 한다. 단, 현대의 발굴 기술로는 궁전 내부의 색채가 공기에 닿아 사라질 가능성이 있어서 미지의 궁전은 지금까지도 발굴되지 못한 채 영원히 잠들어 있다.

▶ 사마천이 편집한 『사기』의 기술을 토대로 재현한 지하 궁전 이미지 삽화

[장소] 중국
[연대] 14~17세기
충격 정도 ★★★★★
미스터리 정도 ★★★★★
문명 수준 정도 ★★

▶ 시황제의 무덤은 피라미드 모양의 언덕 아래 만들어졌다.

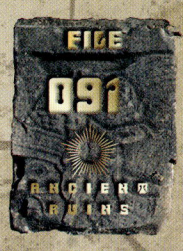

UFO가 출현했던 나가노 현의 피라미드?
미나카미 산

나가노 시 마쓰시로마치에 있는 미나카미 산은 그 형태 때문에 '일본의 피라미드'라고 전해져 왔다. 인공적으로 건조된 흔적이 없으므로 진상이 명확하지 않지만, 표고 679m와 642m의 두 개의 봉우리로 나뉜 이 산에는 그 밖에도 많은 수수께끼가 있다고 한다. 예를 들면 1965년부터 1971년에 걸쳐 미나카미 산 바로 아래가 진원지였던 마쓰시로 군발지진이 발생했을 때, 그 주변에서 UFO로 생각되는 불가사의한 발광 물체가 목격되었다. 게다가 그 후의 국가적 지질 조사에서는 산 중심부의 중력이 주위보다 조금 약하다는 사실도 드러났다. 이것은 도대체 무엇을 의미하는 것일까?

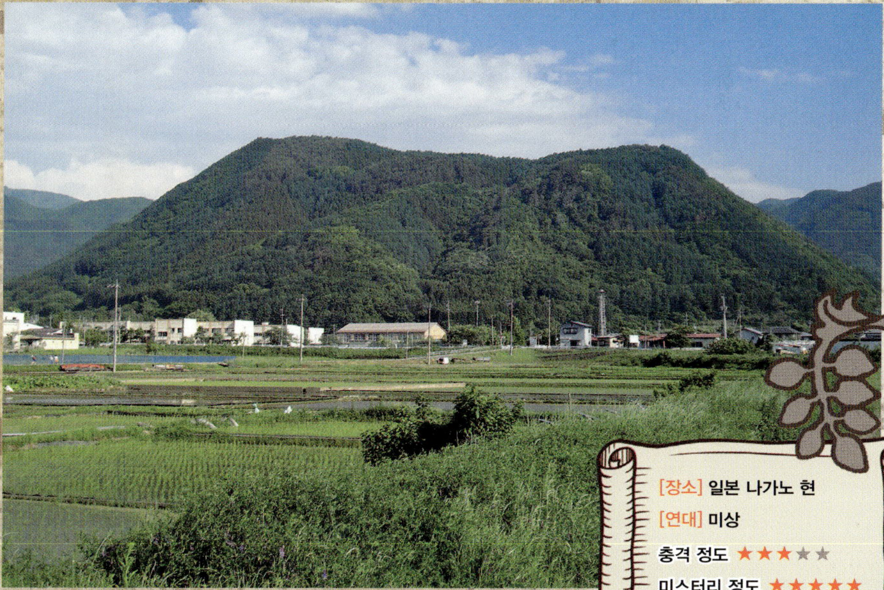

▲나가노 현의 마쓰시로마치에 있는 미나카미 산 지질학적으로는 용암이 솟아서 형성된 산으로 추정하고 있다.

[장소] 일본 나가노 현
[연대] 미상
충격 정도 ★★★★★
미스터리 정도 ★★★★★
문명 수준 정도 ★★★★★

칼럼|과연 그렇구나! 초고대 문명학 ❻

지구 공동설이란?

☞ **극지에는 지구 내부로 들어가는 입구가 있다!**

'지구 공동설'이란?
한마디로 지구 내부가 텅 비어 있고 그곳에 차원이 다른 세계가 펼쳐져 있으며 미지의 생명체가 살고 있다는 주장이다. 그 세계로 들어가는 입구는 북극과 남극에 있다고 한다. 초고대 문명의 근원은 바로 이 지구 내부라고 생각하는 사람도 있다. 물론 지구 물리학에서는 지구 내부가 지각과 맨틀, 핵이 층을 이룬 구조로 형성되었다고 한다. 그렇기는 하지만 이 학설도 어디까지나 이론적 설에 불과할 뿐, 지구 내부를 실제로 직접 본 사람은 단 한 사람도 없다. 그렇다고 해서 '지구 공동설'을 단순한 공상으로 치부해도 될까? 이 '지구 공동설'을 최초로 주장한 인물은 17세기 영국의 천문학자 에드먼드 핼리(Edmond Halley)라고 한다. 그 후 1818년에 미국의 전 육군 대위 존 클리브 심즈(John Cleves Symmes)가 다음과 같은 가설을 발표한다.
"지구의 지각은 두께 1,300km로, 남극과 북극에 지름 2,300km 구멍을

◀지구 공동설을 주장한 에드먼드 핼리. 약 76년 주기로 지구에 접근하는 핼리 혜성을 발견했다.

지닌 5층 구조의 중심이 같은 구체다. 그리고 바다는 그대로 지구 내부로 이어졌다!"

게다가 1895년 노르웨이의 탐험가 프리드쇼프 난센(Fridtjof Nansen)이 실제로 공동 세계를 방문했다고 하는 탐험기 『극북(極北)』을 출판했다. 다만 이 책의 내용에 관해서는 상당한 의문이 제기되고 있다.

그 후로도 '지구 공동설'을 주장하는 책의 출판이 잇따른다. 그리고 20세기 중반 사회적 지위도 있고 신용도 있는 인물이 실제로 공동 세계를 목격했다고 해서 화제가 되었다. 미국의 연구가 레이먼드 버나드(Raymond Bernard)가 1969년에 출판한 저서 『지구 공동설』 안에 소개한 리처드 버드(Richard Evelyn Byrd) 해군 소장의 이야기이다. 그가 봤다는 세계는 어떤 세계였을까?

🐾 버드 소장이 목격한 신비의 세계

1947년 2월 미국 해군은 '하이 점프 작전'을 실행한다. 이 작전은 알래스카 기지에서 비행기로 극점을 통과한 후 다시 2,700km를 비행한 뒤 유턴하여 같은 코스를 통과해 기지로 되돌아오는 것이다. 이 탐험 비행의 지휘를 맡았던 해군 소장 리처드 버드는

▶ 1906년에 윌리엄 리드(William Reed)가 『극지의 괴현상(The Phantom of the Poles)』에서 제시한 지구 공동도

1926년부터 비행기로 종종 북극과 남극을 탐험했던 것으로 알려졌다. 예정대로 출발한 버드 소장의 비행기는 마침내 북극점을 통과한 뒤 비행을 이어 가는데 이륙한 지 약 7시간이 지나면서 날씨가 급변한다. 갑자기 눈앞이 캄캄해지고 고도계의 눈금도 급속히 떨어지자 버드 소장은 SOS를 보내도록 지시했지만, 어느 순간 그럴 필요도 없게 시계가 환히 열린다. 그리고 다음 순간 믿을 수 없는 광경을 보게 된 탑승원은 숨을 삼킨다. 그들이 날고 있던 곳은 극지인데 눈 아래에는 빙설이 전혀 없고 녹색의 들과 삼림, 하천, 호수, 늪 등 극지에 있을 수 없는 풍경이 펼쳐져 있었다. 놀랍게도 매머드와 비슷하게 생긴 커다란 동물의 모습까지 보였다! 물론 이 믿을 수 없는 상황은 모두 기지에 보고되었다. 하지만 무슨 이유에서인지 세상에 공표되지는 않았다. 우연히 무선을 수신한 매스컴이 작은 기사로 내보냈지만 이후 보도는 금지되었다. 지구 공동설이 사실이라고 해도 과연 지구 내부에 태고의 생물들이 서식하고 있을까? 게다가 놀랍게도 이 리처드 버드의 비행 기록을 읽은 버드 부인의 말에 따르면 버드는 그

◀▲버드 소장이 지구 내부에서 목격했다고 하는 동물들의 상상 이미지 삽화

후 지하에서 1,000년 이상에 걸쳐 존재해 왔다는 지하 세계의 대표자와 회견했다고 한다! 인간과 비슷한 모습을 한 그들이 버드에게 해 준 얘기는 지하 세계에는 전쟁이 없고 지하 특유의 에너지원이 있어서 식량과 빛을 조달할 수 있으며 지금까지 종종 인류와 접촉을 시도했지만, 인류 측에서 거절했다고 한다. 그런데 군은 버드 소장이 이 사실을 세상에 알리는 것을 막아 버렸고, 버드 소장은 이후 이 일을 말하지 않았다고 한다. 그 후 1967년 북극을 촬영한 위성 사진에 '지구 내부로 들어가는 입구'로 보이는 것이 발견되어 화제를 불러일으켰다.

이 사진을 보고 다른 공간의 구멍이 열린 순간이라고 생각한 이들도 많았다. 또한, 지구 내부에 녹색의 자연이 펼쳐져 있었다는 점과 지구 내부에서 사는 사람들의 대표자가 했다는 말을 종합하면 지구 내부에는 태양의 역할을 하는 천체도 있는 것으로 여겨지고 있다.

☞ 땅속에 잠들어 있는 이상향 샴발라

사실 티베트 승려들 사이에서는 지구의 내부는 공동 상태이고 그곳에는 '아가타(Agartha)'라고 하는 낙원과 같은 왕국이 있으며, 그 수도

▲지구 공동설의 상상도

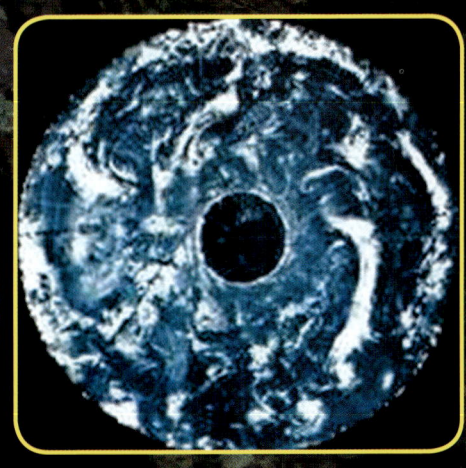

▲1967년에 기상 위성이 촬영한 북극의 사진. 지구 내부로 들어가는 입구가 열린 순간일까?

'샴발라(Shambhala)'에는 지혜가 뛰어난 성자들이 살고 있다는 이야기가 전해진다. 아가타로 들어가는 출입구는 양극의 구멍을 비롯해 전 세계 여러 곳에 있다고 하는데, 일설에는 중국 티베트 자치구 라싸(Lhasa)에 있는 포탈라(Potara) 궁전 지하에도 아가타로 들어가는 출입구가 있다고 한다. 이 전설의 이상향 샴발라를 찾아 많은 사람이 지금까지 여행을 떠났다. 그중에서도 샴발라의 비밀에 가장 가깝게 다가갔던 사람이 러시아의 유명한 예술가 니콜라이 로에리치(Nicholas Roerich)이다. 그는 1923년부터 몇 년에 걸쳐 티베트 오지로 여행을 다녔다. 그리고 아름다운 법의를 입은 기묘한 승려와 우연히 만나거나 거대한 UFO를 목격하는 등의 불가사의한 체험을 한다. 다만 유감스럽게도 샴발라에 도달하지는 못했던 모양이다.

버드 소장이 눈 아래에서 목격한 녹색이 풍부한 대지는 로에리치가 추구하던 이상향 샴발라였을까? 지구에는 아직 인적이 닿지 않은 미지의 공간이 잠들어 있을지도 모른다.

▲ 티베트 라싸에 세워진 포탈라 궁

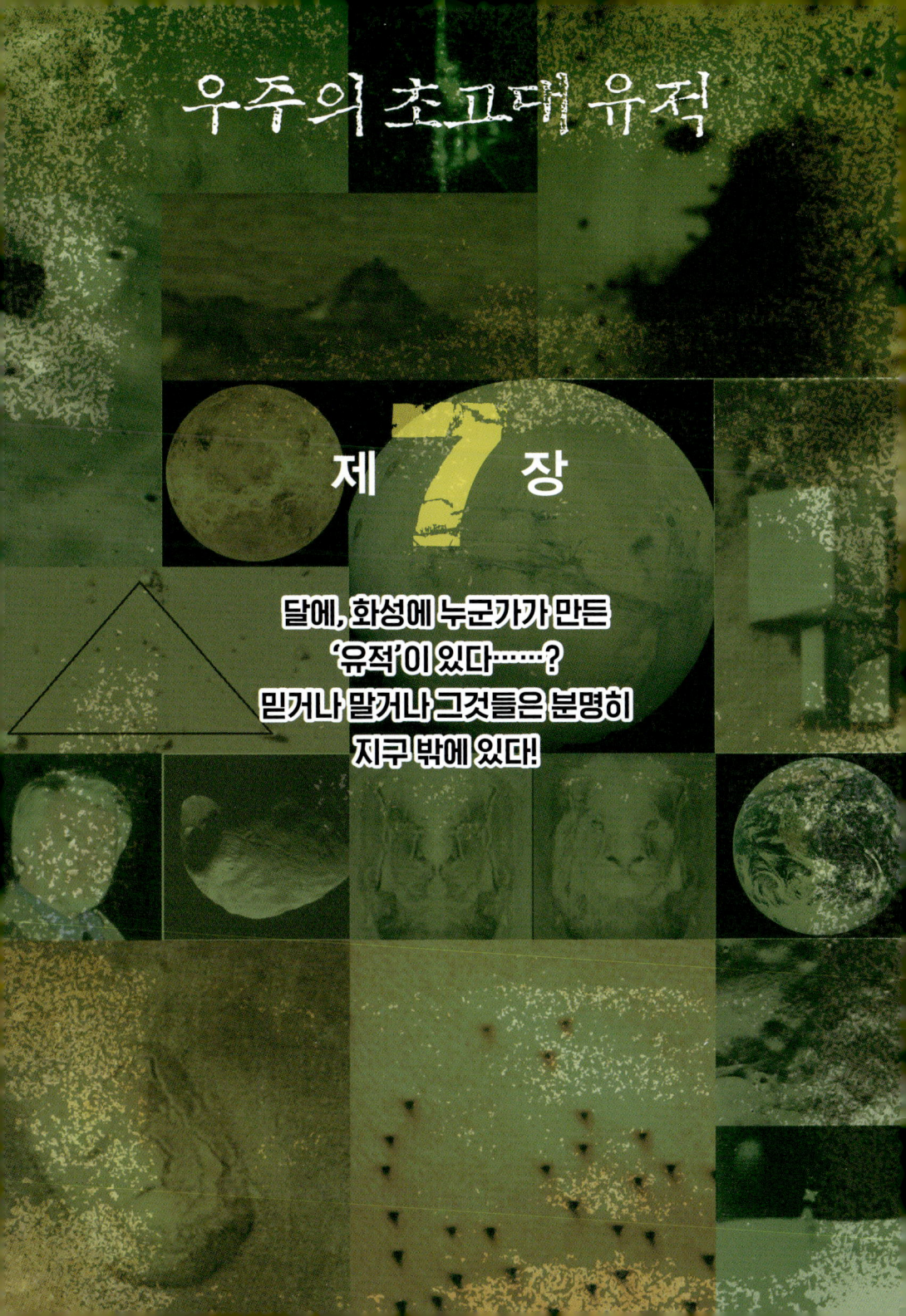

FILE 092

지구 밖에 고대 문명은 존재할까?

화성 인면암

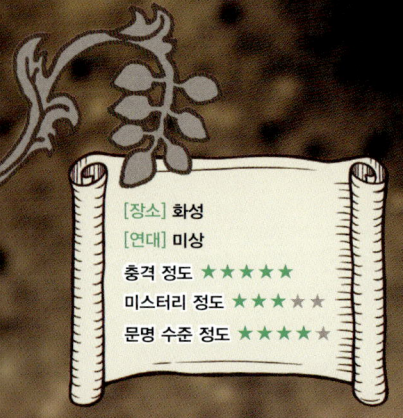

[장소] 화성
[연대] 미상
충격 정도 ★★★★★
미스터리 정도 ★★★★
문명 수준 정도 ★★★★

The Face on Mars
▲1976년에 화성 탐사기 바이킹 1호가 촬영한 화성의 인면암.

❶ 인간의 얼굴과 비슷한 인공 구조물일까?

1976년 6월 미국 NASA(미국 항공 우주국)의 화성 탐사기 바이킹 1호가 놀랄 만한 화상을 지구로 보내왔다. 그것은 화성의 시드니아 지역 상공 1,873km에서 촬영된 '사람의 얼굴=인면암'이다. 그런데 당시 NASA는 이 얼굴에 대해 '빛과 그림자에 의한 트릭'이라고 말할 뿐이었다. 이에 대해 NASA의 고다드 우주 비행 센터의 컴퓨터 전문가 빈센트 디피에트로(Vincent Dipietro)와 그레고리 모레나(Gregory Molenaar)는 NASA의 영상 보관소에서 다른 고도와 다른 태양 조사각으로 촬영한 두 장의 사진을 발견했다. 거기에 찍힌 것은 분명히 '사람의 얼굴'로 보이는 좌우 대칭의 구조물이었다. 그들의 계산으로 인면암의 길이는 2.6km, 폭은 2.3km다.

제7장 우주의 초고대 유적

▲지구와 비교한 화성의 크기

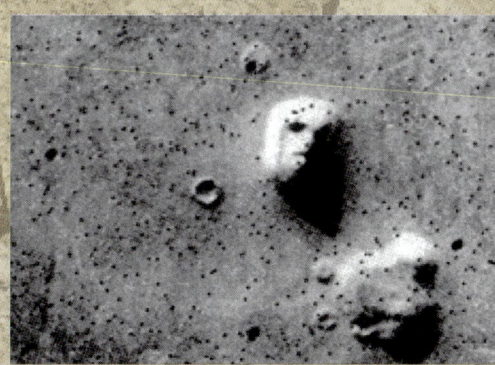
▲바이킹 1호가 인면암 일대를 촬영한 두 장의 사진

▲태양계의 제4행성인 화성

이에 주목한 이가 미국의 과학 저널리스트인 리처드 호글랜드(Richard C. Hoagland)였다. 그는 두 장의 화상을 분석하여 1987년에 저술한 『화성의 기념물(원제: The Monuments of Mars: A City on the Edge of Forever)』 안에서 인면암이 자연의 산물도, 빛과 그림자의 트릭도 아닌 태고에 번성했던 화성 문명의 유산이라고 주장했다.

▲인면암을 태고의 화성 문명이 남긴 것으로 생각했던 리처드 호글랜드(Richard C. Hoagland)

❷ 얼굴의 오른쪽 절반은 뭉개져 있었다?

1998년 NASA는 화성 탐사기 마스 글로벌 서베이어(Mars Global Surveyor)가 촬영한 인면암의 화상을 공개했다. 그런데 22년 만에 공개된 인면암 화상에는 모래와

▲1998년에 촬영된 인면암. 입체감이 없고 선명하지 못한 사진이다.

바위 퇴적물밖에 찍혀 있지 않았다. 후에 이 화상은 선명하게 보이지 않도록 수정되었다는 사실이 밝혀졌다. 게다가 2001년에 공개된 화상에서는 인면암의 얼굴 오른쪽이 뭉개져 있었다. 마치 바로 위에서 심한 충격을 받은 것처럼 가느다란 균열이 있었고 안쪽으로 움푹 꺼져 있었다. 그 후 이 인면암의 사진을 토대로 호글랜드는 사람 얼굴의 좌우 절반을

▲2001년에 공개된 인면암. 원래의 사진에서 그림자가 되었던 오른쪽 절반이 붕괴했음을 알 수 있다.

반전시켜 원래의 화상과 합성했다. 그러자 왼쪽 절반의 합성 화상에 사람의 얼굴이 나타났다. 두 개의 얼굴이

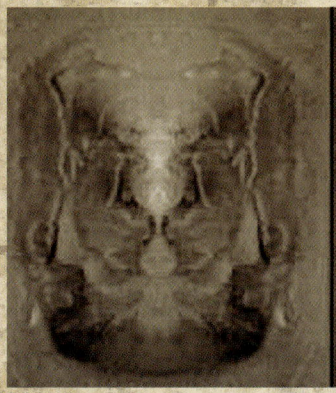

▲ 위 사진의 오른쪽 절반을 좌우 대칭으로 합성한 결과, 사자와 같은 얼굴이 되었다.

서로 녹아든 인면암! 이 발견을 토대로 그는 "인면암은 인간의 얼굴과 사자의 몸을 지닌 이집트의 스핑크스와 일맥상통한다."고 주장했다. 그리고 NASA가 이 사실을 숨기고 있었다고 비난했다. 만일 '인면암'이 인공적으로 만들어졌다면 이것은 태고의 화성에 번성했던 문명의 유적이었을까? 그 자손이 지구를 찾아와 대피라미드나 스핑크스를 건조했던 것일까? 아직 그런 결론을 내리기에는 이르지만, 가까운 미래에 예정된 유인 화성 탐사 계획이 성공했을 때 그 진실이 밝혀질 것이다.

▶ 2006년에 유럽 우주 기관인 마스 익스프레스(Mars Express)가 촬영한 인면암의 입체 사진. 퇴적물 위를 용암이 덮친 것으로 발표되었다.

제7장 우주의 초고대 유적

FILE 093

태고에 번성했던 문명의 흔적일까?
화성 피라미드군

화성 표면에는 과거 고도의 문명이 존재한 것으로 보이는 유적이 있다. 그것은 인공적인 형태를 한 피라미드이다.

예를 들면 1999년 5월 화성 탐사기 마스 글로벌 서베이어(Mars Global Surveyor)가 화성 상공에서 피라미드군 같은 것을 촬영했다. 선명하게 찍히지는 않았지만, 삼각뿔의 거대 피라미드가 밀집해 있는 것처럼 보인다. 게다가 이것들은 얼핏 봤을 때 부분적으로 기하학 모양으로 연속해서 나열된 것도 있다고 한다. 만일 이것이 인공적인 피라미드라면 과거 화성에 번성했던 유적의 일부일지도 모른다.

[장소] 화성
[연대] 미상
충격 정도 ★★★★
미스터리 정도 ★★★★
문명 수준 정도 ★★★★

▶ 삼각뿔 모양의 피라미드로 보이는 수수께끼의 구조물

대피라미드의 '숫자'와 일치?
화성의 모노리스

화성 상공을 도는 NASA의 화성 정찰 위성(Mars Reconnaissance Orbiter)이 2009년 화성 최대의 협곡인 마리네리스 협곡(Valles Marineris)에서 사면 표면에 세워진 세 개의 기묘한 물체를 촬영했다. 그것은 '모노리스(monolith)'라고 불리는 것으로 인공적으로 만들어졌을 것으로 추정되는 돌기둥이다. 추정 크기는 높이 2m, 폭 4.5m, 두께 0.5m. 밑변이 약 80m인 이등변 삼각형의 정점이 규칙적으로 배치되어 있었다. 게다가 그 삼각형의 비율은 이집트의 대피라미드의 단면 비율과 같았다. 각 변의 비율은 물론이고 각도까지 일치했다. 이것은 무엇을 의미할까? 역시 화성에는 지구의 초고대 문명과 관련이 있는 무언가가 있을지도 모르겠다.

제7장 우주의 초고대 유적

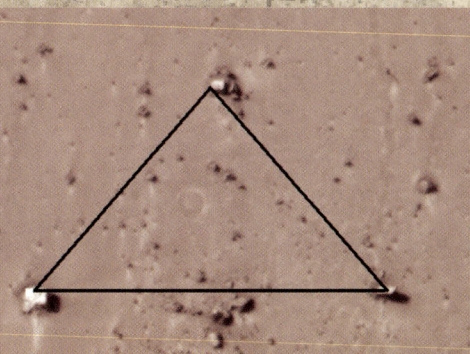

◀화성에서 발견된 돌기둥처럼 보이는 수수께끼의 물체
◀모노리스는 기하학적으로 배치되어 있다.

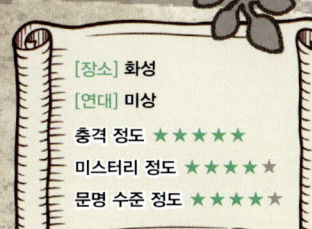

[장소] 화성
[연대] 미상
충격 정도 ★★★★★
미스터리 정도 ★★★★
문명 수준 정도 ★★★★

달에도 초문명의 흔적이 있었다?
달 표면의 캐슬

미국의 아폴로 10호가 달 표면을 촬영한 화상에 통칭 '캐슬(성)'이라고 불리는 기묘한 건조물이 찍혀 있다. 이것은 과학 저널리스트인 리처드 호글랜드가 NASA 내부의 협력자로부터 입수한 달 표면 화상 중에서 발견한 것이었다. 캐슬은 거대한 삼각형의 복잡한 기하학적 패턴을 지닌 건조물로, 달 표면에 약 14km라는 높이로 솟아 있다. 태양 광선의 반사율이 매우 높다는 점에서 수정과 같은 크리스털이거나 유리와 같은 소재로 만들어진 것으로 보인다. 하지만 그 후의 달 표면 탐사에서는 무슨 이유에서인지 이 구조물이 발견되지 않고 있다.

[장소] 달
[연대] 미상
충격 정도 ★★★★☆
미스터리 정도 ★★★☆☆
문명 수준 정도 ★★★★☆

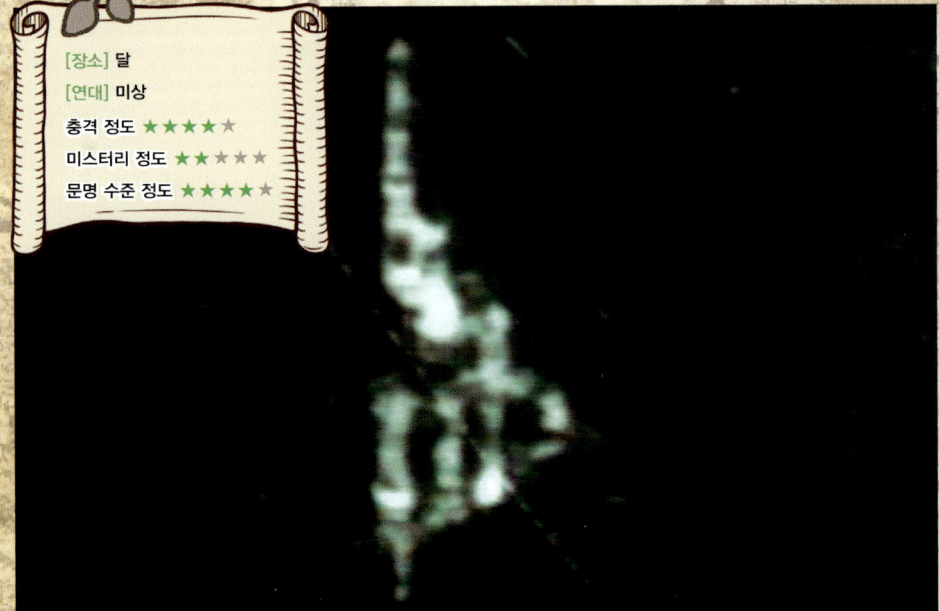

▲ 달 표면에서 1969년에 촬영된 '캐슬'. 현재도 같은 장소에 있는지 모르겠다.

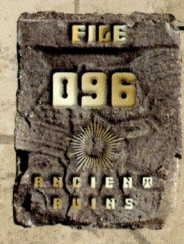

비틀린 유리 탑?
달 표면의 샤드

리 처드 호글랜드에 의해 발견된 탑과 같은 구조물인 통칭 '샤드(Shard)'의 추정 높이는 약 1.6km이다. 전체는 비대칭형으로 비틀린 부분에 기하학적 패턴이 보인다. 호글랜드는 이것들이 자연적으로 형성된 형상으로 보이지 않는다고 주장했다. 또한, 그가 샤드를 컴퓨터에서 확대해 본 결과 태양광을 강하게 반사하는 부분과 그렇지 않은 부분이 있음을 알았다. 태양광을 이토록 강하게 반사하는 물질이라면 유리질이라고 생각할 수 있다. 샤드도 또한 캐슬과 마찬가지로 그것들을 소재로 해서 만든 인공 구조물일 가능성이 크다는 말이다.

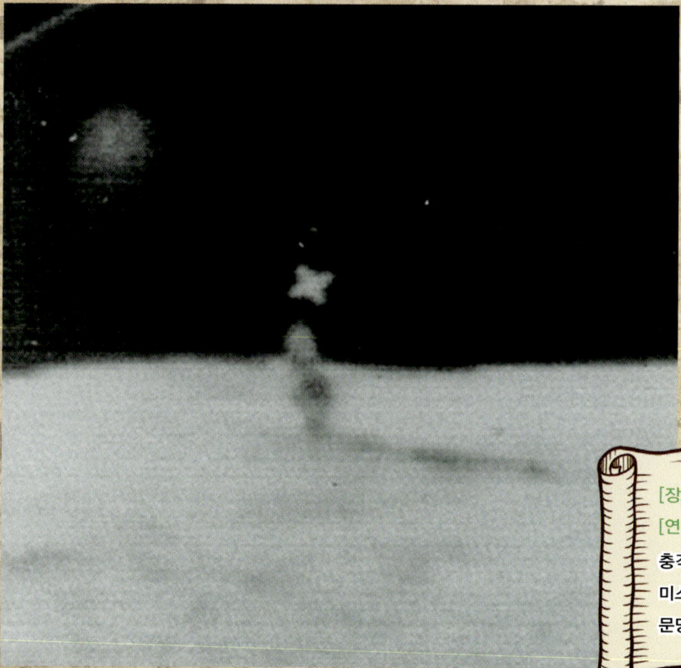

◀ 달 표면에 그림자를 드리운 '샤드'. 참고로 중앙의 X 표시는 오래된 사진에 들어간 피사체의 거리를 측정하기 위한 마크

[장소] 달
[연대] 미상
충격 정도 ★★★★☆
미스터리 정도 ★★☆☆☆
문명 수준 정도 ★★★☆☆

화성의 위성에서 구조물을 발견!
포보스의 모노리스

화성 탐사기 마스 글로벌 서베이어가 화성의 위성 포보스에서 기묘한 화상을 촬영한 것은 1988년의 일이다. 그것은 지면에 기다란 그림자를 드리우며 서 있는 거대한 한 장의 바위로 이루어진 돌기둥 '모노리스'다. 태양의 방향과 그림자 길이로 계측한 결과, 그 높이는 추정 130m, 폭은 36m이다. 이는 40층짜리 건물 이상의 고층 빌딩에 필적하는 높이다. 이것이 자연이 낳은 단순한 바위일까?

그런데 이 정도로 큰 규모의 물체가 어떻게 그대로 자세를 유지할 수 있는 것일까?

이 모노리스도 인공 구조물이라고 생각하는 사람은 많다.

[장소] 포보스
[연대] 미상
충격 정도 ★★★★★
미스터리 정도 ★★★★
문명 수준 정도 ★★★★★

▶ 포보스의 지면에 기다란 그림자를 드리운 수수께끼의 구조물

▶ 화성의 위성 포보스

우주인이 만든 기지의 일부일까?
에로스의 직육면체

2 000년 2월 14일 NASA의 소행성 탐사기 니어(NEAR)가 사상 최초로 소행성 에로스의 주위를 돌며 촬영을 시작했다. 그리고 다양한 지표를 공개했는데, 그것 중에 몇 가지 미스터리한 구조물이 찍힌 것도 있었다.

그 하나가 아래 사진으로, 에로스 상공 50km라는 가까운 거리에서 촬영한 것이다. 주위와 모습이 다른 기묘한 구조물이 선명히 찍혀 있었다. 물체의 높이는 추정 약 45m. 밑에서 막대기 모양의 물체가 솟아나 있다. 이런 구조물이 많다는 점에서 에로스 그 자체가 인공천체이거나 태고에 태양계를 방문한 우주인의 기지였던 것은 아닐까 생각하는 사람도 있다.

◀ 에로스의 구조물을 재현한 상상 이미지 삽화

미스터리의 구조물

▲ 에로스에서 발견된 미스터리한 구조물

[장소] 소행성 에로스
[연대] 미상
충격 정도 ★★★★★
미스터리 정도 ★★★★★
문명 수준 정도 ★★★★★

제7장 우주인 초고대 유적

1km 너비의 구조물
금성의 피라미드

　금성의 라비니아 평원을 촬영한 NASA의 화상에 피라미드 같은 구조물이 찍혔다는 사실이 밝혀졌다. 이 구조물은 정상이 뾰족하고 입체적으로 보인다. 이 정도로 분명한 피라미드와 비슷한 구조물은 지금까지의 행성 탐사 중에서 촬영된 적이 없다. 게다가 그 폭은 추정 1km나 되는 거대한 크기다. 금성은 지구에 가장 가까운 궤도를 도는 행성이다. 예전에는 지구와 비슷한 대기가 있었다는 설도 있다. 피라미드는 태고에 존재했던 초문명이 남아 있던 유산일까? 게다가 아직 금성에는 생명의 흔적이 발견되지 않았다.

[장소] 금성
[연대] 불명
충격 정도 ★★★★★
미스터리 정도 ★★★★★
문명 수준 정도 ★★★★★

▲금성의 라비니아 평원에서 발견된 거대 피라미드 모양의 구조물

▶금성의 모습(왼쪽)
지구와 비교해 보면 거의 같은 크기다.

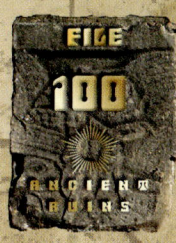

추락한 고도 문명의 모선(母船)일까?
달 표면의 거대 우주선

1971년에 쏘아 올린 NASA의 아폴로 15호가 달 표면을 촬영한 사진 중에 기묘한 유선형 물체가 찍혀 있었다. 그 장소는 달 뒤편의 델포르트 크레이터(Delporte Crater) 남서부다. 오른쪽 돌출 부분은 우주선의 머리 부분처럼 보이고 상부의 각진 부분은 인공적으로 만들어진 것처럼 보인다. 그 후 공개된 영상에서는 더욱 선명한 모습이 찍혀 있었다.

이 물체는 과거 고도의 과학적 힘을 지닌 외계인이 문명 붕괴와 함께 고향을 떠나 달에 이르게 된 것을 의미하는 것일까? 이 넓은 우주에서 인류는 고독하지 않았을지도 모르겠다.

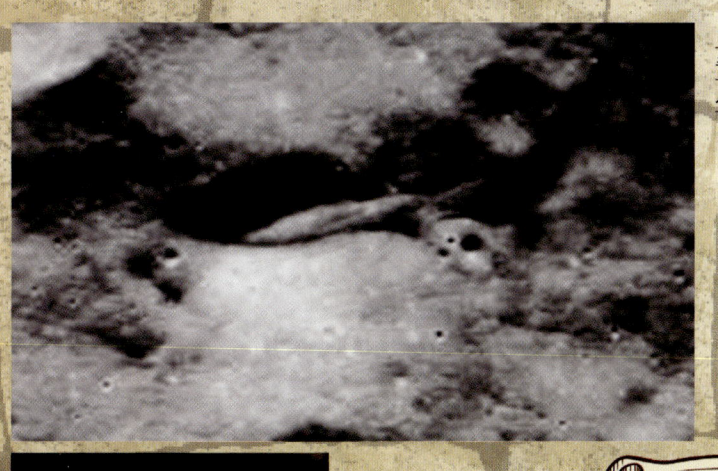

◀ 아폴로 15호가 촬영한 구조물 사진

◀ 최근에 공개된 출처 불명의 영상에 담긴 우주선 잔해로 보이는 물체

[장소] 달
[연대] 불명
충격 정도 ★★★★★
미스터리 정도 ★★★★
문명 수준 정도 ★★★★

끝으로

지구는 지금 위기에 처했다고 한다. 예를 들어 환경 파괴나 지구 규모의 온난화에 의한 해수면 상승, 그리고 지진 등의 천재지변은 현대 문명이 쌓아 올린 성과를 하루아침에 무너뜨릴지도 모른다. 게다가 세계 각 지역에서 끊임없이 벌어지는 분쟁과 인구의 폭발적 증가……. 과연 현대 문명에 미래는 있을까 하는 생각이 들 정도다. 장대한 고대 유적을 보고 있노라면 과거 화려하게 빛났던 문명조차 시간과 더불어 마침내 멸망했음을 알 수 있다. 그러고 보면 그런 의미에서도 '잃어버린 문명'에 대해서 탐구하는 일은 문명의 미래를 예측하고 가능한 한 더욱 좋은 방향으로 궤도 수정하기 위해서는 필요한 일이라고 생각한다.

한편 '오파츠'라고 불리는 유물도 현대 문명에 중요한 것을 가르쳐 준다. 그들 대부분은 분명 쓸모가 있어 발명된 것인데도 전달할 사람을 잃어 그 존재가 잊히고 말았다. 문명의 주역을 잃는다는 것은 인류가 미래를 향하기 위한 장대한 시간과 노력을 빼앗기는 것을 의미한다. 2,000년 전부터 망원 렌즈나 톱니바퀴 방식의 기계가 널리 전달되었다면 문명은 더욱 진보했을 것이다.

우리가 가진 지식과 기술은 그것을 전달할 인간이 없으면 쉽게 잊힐 가능성이 크다.

참고 문헌

「ムー」各号 (학연)
『完全版　世界の超古代文明FILE』(학연, 2011년)
『失われた文明の謎と真実』(학연, 2013년)
『増補改訂版　失われた文明の謎』(학연, 2006년)
『増補改訂版　大ピラミッドの謎と真実』(학연, 2010년)
『超古代オーパーツの謎と真実』(학연, 2008년)
並木伸一郎『神々の遺産・オーパーツ大全』(학연, 2011년)
並木伸一郎『完全版　超古代オーパーツFILE』(학연, 2011년)
피터 제임스 외『事典 古代の発明』(동양서림, 2005년)
그레이엄 행콕『神々の指紋』(상영사, 1996년)
마이클 플레모 외『人類の隠された起源』(상영사, 1998년) 등

사진 제공

並木伸一郎／ムー編集部／日本ペトログラフ協会（2）／鈴木旭（6）／北出幸男（5）／ミゲル・ネリ（132）／土橋位広（185）／時事通信（40）／CT Snow(192)／Marsyas（7, 78）／John Phelan（97）／Rafał Chałgasiewicz（83）／小沢正朗／EISP-Eastern Island Statue Project（1, 167）／Erich von Daniken／Atlantis Rising／Creation Evidence Museum（3 a, 75-76, 93）／The Enterprise Mission／Fortean Press International／Fortean Picture Library／NASA／University of Pennsylvania Museum of Archaeology and Anthropology（128-129）／©PPS/Gerg Gerster（51 r, 175）／©After Babel（46, 49, 50, 140, 155br, 170）／©amanaimages/Science Source（92）／©amanaimages/science photo library（33, 105, 115）／©MASAO ISHIHARA/SEBUN PHOTO／amanaimages（194b）／©amanaimages/Corbis（2 b, 53, 61, 64, 65, 99, 103, 116 b, 122, 169, 177, 179, 188）／©shutterstock（22, 29, 35, 36-37, 90, 91, 121, 154, 166, 171, 182, 183, 186, 190, 200）

일러스트

大沢山水……31, 194a
日本水路協会……45
久保田晃司……146, 159-164
富崎NORI……147-149

코믹컴

비주얼 미스터리 백과 ❶
잃어버린 문명 대백과

편저자 학연교육출판
역자 고정아
찍은날 2015년 1월 26일 초판 1쇄
펴낸날 2020년 5월 13일 초판 3쇄
펴낸이 홍재철
책임편집 최진선
디자인 박성영
마케팅 황기철·안소영
펴낸곳 루덴스미디어(주)
주소 경기도 고양시 일산동구 무궁화로 43-55, 604호(장항동, 성우사카르타워)
홈페이지 http://www.ludensmedia.co.kr
전화 031)912-4292 | **팩스** 031)912-4294
등록 번호 제 396-3210000251002008000001호
등록 일자 2008년 1월 2일

ISBN 978-89-94110-87-5 73900
ISBN 978-89-94110-86-8(세트)

결함이 있는 책은 구입하신 곳에서 바꾸어 드립니다.
값은 뒤표지에 있습니다.

이 도서의 국립중앙도서관 출판시도서목록(CIP)은 e-CIP홈페이지
(http://www.nl.go.kr/ecip)에서 이용하실 수 있습니다. (CIP제어번호 : CIP2015002116)

学研ミステリー百科 3巻 失われた文明の大百科
学研教育出版・編・著

Gakken Mystery Hyakka 3kan Ushinawareta Bunmei no Daihyakka
© Gakken Education Publishing 2014
First published in Japan 2014 by GAKKEN Education Publishing Co., Ltd., Tokyo
Korean translation rights arranged with Gakken Education Publishing Co., Ltd.